出版の夢と冒険
韓国の書籍文化生態系の模索と対案

出版ジャーナル編集部 編　　舘野 哲 監訳

出版メディアパル

■ 序 文

序　文
書籍文化生態系パラダイム時代の到来

　出版は時代を記録する点で、媒体の歴史において極めて重要な役割を担当してきました。私たちは『出版』という「雑誌」をつくってメディアにおける雑誌の役割と未来を考えてきました。
　1987年に創刊された『出版ジャーナル』は、書籍、著者、出版社、読者を連結する媒体であり、韓国の代表的な出版専門誌として、同時代の書籍文化を記録してきたのです。

　「書籍文化」という用語をいつから使用してきたのか、研究資料などを探してみると、『出版ジャーナル』(1990年5月20日)は、「釜山地域書籍文化の主、栄光図書」という記事で初めて使用しており、1991年にも「書籍文化の第一線の奉仕者、仁川中央図書館の移動図書館」との見出しのもとに、"書籍文化"という言葉を使用していました。『出版ジャーナル』が創刊された後、出版だけでなく、出版—図書館などを包括する概念として"書籍文化"という言葉を使用してきたことがわかります。
　『出版ジャーナル』が通巻500号から「書籍文化の生態系」なる概念で、特集座談会シリーズを開催してきたのも偶然ではなく、『出版ジャーナル』が創刊から歩んできた書籍文化精神の延長線と言えるでしょう。

序　文

　本誌は2017年7月号で、創刊30周年を迎え、同年9月号から「書籍文化生態系の模索と対案」という大きな主題を設定し、特集座談会を開催しています。90年代にはインターネット時代が開幕し、出版と読者を取り巻く環境は大きく変化しました。

　グーグルの前会長エリック・シュミットは「社会のすべての階層で"連結性(Connectivity)"は、続けて経済的・実用的に変化したのだ。人々はどこでも今よりもはるかに低廉な無線インターネットに接続できる」と主張したことがあります。

　このように、急速に変化する環境の中で、出版の役割と新たなモデルとは何なのか。さらに現場から回答を得ようとした結果、「書籍文化生態系の模索と対案」という特集座談会を企画することになりました。

　過去の30年間、急速に発展してきた出版産業の現実を記録するなら、今では健全な書籍文化の生態系を模索して対案を探し出し、今後30年の未来を成長に導く企画を引き出すことができるでしょう。

　したがって座談会では、書籍文化の現場に携わってきたさまざまな専門家の方々が、生き生きとした肉声で発言し、それに対する回答を探し出そうと努力されました。

　また、本書は、韓国の『出版ジャーナル』と日本の『出版メディアパル』の相互協力の下に、韓日両国で同時出版されました。

　韓国と日本が出版文化の現在を共にしているだけに、共同出版をきっかけに発展的な未来を切り開いていけるようにと心から願っています。

2018年11月11日　韓国・書店の日に

　　　　　　　　　　　　　　　出版ジャーナル代表　　　鄭潤熙

目 次

◆ 序文　書籍文化生態系パラダイム時代の到来（鄭潤熙）……………… 2

第1章　書籍文化生態系をめぐって ……………………………………… 7

第 1 節　書籍文化生態系が直面する課題／8

第 2 節　書籍文化生態系を定義する／19

第 3 節　書籍文化生態系を循環させるには／24

第 4 節　書籍文化生態系における争点／31

第2章　書籍文化生態系の視点から ……………………………………… 39

第 1 節　2017 年の出版界を概観する／40

第 2 節　出版文化生態系の当面の課題／44

第 3 節　松仁書籍の不渡りの衝撃／50

第 4 節　統一図書データベースの必要性／57

第 5 節　名ばかりの図書定価制／62

第 6 節　「ブラックリスト」と出版業界／67

第 7 節　誰も知らない「出版政策」／73

第 8 節　出版文化生態系から展望する／78

第3章　書店営業の現状と未来 …………………………………………… 83

第 1 節　書店をめぐるさまざまな思い／84

第 2 節　書店、どんな場所なのか？／93

第 3 節　「書店危機」の原因を探る／106

目　次

第 4 節　出版・図書館・読者による書店像／111
第 5 節　書店の未来をスケッチする／116

第4章　図書館はどう変わるのか …………………………………… 121
第 1 節　図書館、現状と抱えている問題／122
第 2 節　歴史、図書館数、司書の現況／126
第 3 節　図書館法施行令改正（案）の問題点／132
第 4 節　図書館はいかなる空間であるべきか／145
第 5 節　書籍文化生態系と図書館／154

第5章　地域出版の可能性を求めて …………………………………… 165
第 1 節　地域文化の時代がやって来た／166
第 2 節　地域文化とは何か／170
第 3 節　地域文化の役割と使命／175
第 4 節　地域出版、円滑な循環に向けて／179

第6章　職場環境と出版の未来 ………………………………………… 187
第 1 節　ミートゥー運動はなぜ起きたのか／188
第 2 節　職場環境をどう改善していくのか／196
第 3 節　フェミニズム図書の社会的意義／206
第 4 節　働きやすい職場づくりのために／209

◆ 特別寄稿　『出版ジャーナル』の出版文化史的意義と課題（夫吉萬）… 214
◆ 座談会を終えて『座談会から見えてきたもの』（金貞明）…………… 220
◆ あとがき …………………………………………………………………… 222

執筆者紹介（『出版ジャーナル』座談会出席者）

企画・編集・校正：鄭潤熙／『出版ジャーナル』代表・編集長
コメンテーター：夫吉萬／韓国出版学会顧問、韓国文化財委員会委員
コーディネーター：金貞明／新丘大学メディアコンテンツ科兼任教授

第1章：「書籍文化生態系をめぐって」（掲載誌：500号）
　　　　李龍勲／韓国図書館協会事務総長、前ソウル図書館館長
　　　　千錠漢／ジョンハン書房代表
　　　　趙眞碩／書店イウム代表
　　　　金明淑／ナムパルチョンソ（出版社）代表
第2章：「書籍文化生態系の視点から」（掲載誌：502号）
　　　　李　弘／ハンビット・ビズ編輯理事
　　　　李種馥／ハンギル書籍代表、韓国書店組合連合会
　　　　白源根／本と社会研究所代表
　　　　金明淑／ナムパルチョンソ代表
第3章：「書店営業の現状と未来」（掲載誌：505号）
　　　　殷鐘福／ふいご書店代表
　　　　安有婷／出版社WhataBook代表
　　　　申京美／ミラル学校教師
第4章：「図書館はどう変わるのか」（掲載誌：501号）
　　　　李貞洙／ソウル図書館館長
　　　　宋承燮／明知大学校文献情報学科教授
　　　　金敏周／リード＆リーダー代表
　　　　金明淑／ナムパルチョンソ代表
第5章：「地域出版の可能性を求めて」（掲載誌：503号）
　　　　黄豊年／韓国地域出版文化雑誌連帯会長
　　　　チェ・ソヨン／ザ・ペーパー代表、水原地域雑誌『サイダー』発行人
　　　　權英蘭／晋州『ダンディニュース』前代表、作家
　　　　申重鉉／学而思代表
　　　　キム・ナソル／済州出版連帯事務局長、図書出版『談論』編集者
第6章：「職場環境と出版の未来」（掲載誌：504号）
　　　　金令愛／チェクジ代表
　　　　朴商隆／法務法人ハンギョル事務所所属弁護士
　　　　朴秀蓮／韓国女性編集人クラブ会長、経文社編集室長

〈日本語翻訳者〉
監修翻訳：舘野　哲
各章翻訳：山口裕美子・水谷幸恵・渡辺麻土香・山田智子・宗実麻美

第1章

書籍文化生態系の模索と対案 ①
書籍文化生態系をめぐって

本章の内容

『出版ジャーナル』は通巻 500 号（2017 年 9 月号）から、「出版文化生態系の模索と対案」という共通テーマのもとに特集座談会を開催してきました。

最初に取り上げるのは「書籍文化生態系の現在と未来」です。韓国の出版産業は近代化以来、産業化と民主化を経て、激動の時代を共に歩んできました。『出版ジャーナル』の創刊号（1987 年 7 月 20 日）でも明らかにしたように、出版流通の先進化と読書文化の振興は出版界の宿願であり、現在でもそれらの問題の解決を避けて通ることはできません。

1987 年から 30 年が経過する間に、出版産業は多様化し発展を遂げてきましたが、新たに IT とスマートメディア産業が台頭し、今では解決を迫られている新旧の課題が、重複しながら前面に登場しています。

このたびの座談会「書籍文化生態系の現在と未来」では、なぜ「書籍文化」の観点が必要なのかを確かめながら、書籍文化の生態系を構成する主体である出版、図書館、書店の立場から直面する課題を探るために、各分野の専門家の方々にお集まりいただきました。書籍文化生態系を逞しく育て上げる要素について、忌憚のない話し合いを試みてみました。

第1章　書籍文化生態系をめぐって

第1節

書籍文化生態系が直面する課題
（出版・書店・図書館）

金貞明（以下、司会）：多くの雑誌が廃刊になる時代に『出版ジャーナル』が創刊30周年を迎え、通巻500号を迎えたことをお祝いし、飽くことのない情熱と持続力に敬意を表したいと思います。

2017年5月に済州で開催された「韓国電子出版学会・春季学術大会」で、『出版ジャーナル』代表の鄭潤熙さんが通巻500号を迎えると話されたので、参加していた研究者の方々から、その30年間の『出版ジャーナル』のコンテンツを研究する必要性があるとの提案が出ていました。

さて、この座談会では「国家競争力と書籍文化生態系」というテーマのもとに、専門家の皆さんをお招きし、出版・書店・図書館についての概括的な話から始めていきたいと考えています。

・座談会参加者

企画・編集・校正：鄭潤熙／『出版ジャーナル』代表・編集長
コメンテーター：夫吉萬／韓国出版学会顧問、韓国文化財委員会委員
コーディネーター：金貞明／新丘大学メディアコンテンツ科兼任教授

参加者：李龍勲／韓国図書館協会事務総長、前ソウル図書館館長
　　　　千錠漢／ジョンハン書房代表
　　　　趙眞碩／書店イウム代表
　　　　金明淑／ナムパルチョンソ（出版社）代表：特別ゲスト

8

第 1 節　書籍文化生態系が直面する課題

　30 年前の『出版ジャーナル』創刊当時に、韓国の出版産業が直面した問題点が今なお解決されずにいる点は、出版界が議論をするばかりで、具体的な方向の提示と実践が足りなかったためではないかと思われます。
　このたびの「模索と対案」という大きなテーマは、この座談会を大きくまとめる主題になるでしょう。私も改めて学ぶ立場で参加させていただきます。それでは、今日、出席の専門家の皆さんのご意見をお聞かせください。

夫吉萬：私が出版や読書など本の文化と携わるようになったのは 1980 年です。ソウル良書協同組合で読書運動の実務責任者になりました。子ども図書研究会の前身です。その当時、私がアイデアを出して始めたのですが、こんなに会員が増えるとは思ってもいませんでした。ソウル良書協同組合では中高生の読書運動を推進させようとしたのですが、中高生向けの読書運動は順調な歩みを遂げることはできませんでした。
　その後、良書協同組合を辞めて、ハンギル社、汎友社で編集者として働き、1989 年に 40 歳を目前にして大学院で勉強を再開しました。1997 年に東元大学に出版学科ができて、出版について教えるようになりました。
　個人的に関心がある分野は出版の歴史です。出版の歴史を勉強してみてわかったのですが、この分野を学ぼうとする者は本当に少ないですね。出版の歴史を学ぼうとする人がいたら、資料を提供できますし、サポートもしたいと思っています。また、政府の文化財委員会の委員をしていますが、私が属して

写真1-1　書店の平台に並ぶ多くの書籍。そこには出版流通の意外な問題があった！

いる近代史分科会には建築史、美術史、出版史を研究した方々が委員になっています。私は出版史の研究者なので、その分野の文化財委員会の委員に委嘱されました。これから出版史の専門研究者が増えて、さまざまな分野で活動してくださるといいですね。

李龍勲：私は 2016 年 7 月 1 日から韓国図書館協会の事務総長として働いています。その前の 4 年間はソウル図書館の初代館長を務めていました。最近は、公立図書館も非常に多くの試練に直面しています。図書館もこの 2、3 年の間に、量的な発展を遂げましたが、量的な発展に比べて人的な面での成長はまだわずかです。司書の権益向上など、解決しなければならない問題が山積している状態です。一方では、本と知識情報の活用方法が大きく変化し、大学、企業、研究所の図書館は縮小方向に向かっています。

　夫吉萬さんが言われたように、それぞれの部門の歴史がとても重要です。韓国の図書館の歴史についても、きちんと整理する必要があります。特に近代を中心とする図書館の歴史は、ほとんど未整理状態なのです。それで少しずつやっているのですが、「図書館博物館」をつくりたいと考えています。さらに可能なら、本—出版—読書—図書館までを、一つにまとめた博物館が必要だと思います。この部分は私の個人的な関心事なのです。

　さらに、私は数十年間、図書関係の仕事に携わりながら、出版や書店などの関係者と交流をしてきましたが、よく考えてみると、わずかな方々との関係にすぎないため、書籍文化生態系全体には、まだ強いつながりが足りない感じがいたします。お互いに相手のことをよく知らないのです。一緒に進まなくてはならない関係なのに、対立や誤解が深まっているのではないでしょうか。これからはそれぞれの分野がリーダーシップを発揮して、しっかりと連結できるようにしていかなければならないでしょう。もう少し広く、各現場で働く人たちが交流できる機会が増えればうれしいのですが……。

司会：李龍勲さんのご発言のように、これまでは出版、書店、図書館など、それぞれの立場だけの活動だったので、これを連結するネットワークが必要だと私も思います。

夫吉萬：これまでは出版、印刷など産業の立場、すなわち本を生産する側で方針を決めて、それに応じて活動を展開してきましたが、これからは視野を広げて、図書館や読書運動団体なども網羅した方針を掲げなければならないでしょうね。

司会：良いご意見をありがとうございました。それでは次に、書店を経営されている、書店イウム代表の趙眞碩さんにお願いします。

趙眞碩：IMFショック[注1]以後、1998年から人権と平和のための市民運動を続けています。2009年12月から書店を始めました。市民運動をやりながら、底辺を広げる必要を感じ、本を読まなくては変革は難しいので、自然に読書と書店に関心を持つようになりました。たまたま個人経営の書店があって、それが閉店することになったのですが、いろいろと手段を尽くしてみても、続ける道が見つかりませんでした。個人で投資を続けても維持するのは困難だったので、ついに閉店になりました。

　書店の経営が行き詰まったのは、利益を追求するのは難しいという結論であり、それが非営利公益法人の書店にするきっかけになりました。私が携わっている「私と私たち」という市民団体で引き受けることになったのです。それが8年前のことで、振り返ってみると、8年で事態はいっそう困難なものになっています。新しい書店が生まれてはいますが、小さな規模の書店ばかりで、他企業が書店を活用したり、または本をインテリアのように飾っています。本だけでは利益が出ないから、いろいろと工夫をしているのでしょう。

　わずか5年という期間に、これまで書店を経営したこともない人たちが書店をオープンしたりして、個人書店のような小規模書店が各地に生まれています。そして安定的に書店を経営するノウハウを共有しようと、互いに知恵を出し合い協力し合っています。まるで「子どもが子どもを育てている」みたいです。書店を始めてまだ8年ですが、なんとか書店を救いたいと思っています。

---

*注1　IMFショックとは、1997年12月3日、韓国が国家破綻に陥るような「通貨危機」に見舞われ、IMF（国際通貨基金）からの資金支援の覚書を締結した事態を指す。IMF経済危機・IMF通貨危機・IMF管理体制・IMF時代・IMF事態と呼ばれもする。

■ 第1章　書籍文化生態系をめぐって

夫吉萬：現在、書店イウムは会員制で運営しているのですか？

趙眞碩：そうです。既存の市民団体の会員もいますし、新しく加入する会員も市民団体の会員になったりします。出資会員が30名ほどいて、毎月5000ウォン以上の後援会費を払う300名ほどの「根っこ会員（固定会員）」と、「幹会員」が約200名、「葉っぱ会員」（マイレージを貯めて書店を利用する会員）は、1万3000名ほどになりました。本を不定期に買う人だけでは、書店を持続的に運営できないので、会員制にしているのです。

夫吉萬：会員を確保するための、広報やマーケティング活動はどうしているのですか？

趙眞碩：インスタグラム、フェイスブック、テレグラム、カカオトークなどソーシャルネットワークサービス（SNS）に、リアルタイムで書店情報などを投稿しています。これを見た人がイベントに参加したり、書店に来たり、オンラインとオフラインを行き来して会員になったりしています。初めての来店者は20%前後が会員になりますし、初めてではない人は70～80%が会員になってくれます。後日、出資してくれる会員や、毎月後援会費を払ってくれる「根っこ会員」になってくれるのです。

夫吉萬：書店イウムの事例を『出版ジャーナル』誌で紹介して、マーケティングでいうベンチマーキング*注2 ができるようにしたいですね。

趙眞碩：出版界に足を踏み入れてみると「互いに無関心の関係」と「犬猿の関係」という2種類があるのを体験しました。「互いに無関心の関係」とは、図書館と書店は密接につながっているのに、特段の結び付きがないように感じます。だから関わりについては関心がなく、出版社も関係を持とうとしません。書店イウムの面積は40坪ほどで、店頭在庫6000冊規模の小さな書店です。

＊注2　ベンチマーキングとは、マーケティング用語で、企業などが製品、サービス、プロセス、慣行を継続的に研究し、優れた競合他社やその他の優良企業の戦略などと比較・分析して拡販に役立てる手法をいう。

主に人文社会科学書を扱っています。

夫吉萬：年に 4 万点以上の新刊書が出ていますが、その中から陳列書を選ぶのにどんな基準がありますか？

趙眞碩：人文、社会、芸術分野の本を扱っていますが、少数の顧客が求める本は注文して取り揃えています。選定委員会は設けていません。

夫吉萬：地域書店が、本に興味がある近隣の住民による図書選定委員会をつくって本を揃えたら、会員拡張にもつながるかもしれませんね。

趙眞碩：そうですね。私たちも、2016 年から書店ビジョンチームをつくり、「読者の本棚」を設けました。推薦委員会ではありませんが、このチームが読者に良い本を推薦して本棚を飾る仕事をしています。最終責任は私にありますが、その方々が顧問の役割をしているのです。私はミステリーや大衆小説の分野には疎いので、その分野に詳しい方に本を推薦してもらっています。
　私たちは市民団体から給料をもらっています。書店での利益はすべて市民団体に属しているので、それで社会に還元する形で運営しています。

夫吉萬：赤字になったらどうするのですか？

趙眞碩：これまでに赤字は 6 か月ほど出たことがありました。

夫吉萬：1 年の間にですか？

趙眞碩：いいえ、1 年に 6 か月も赤字ではダメでしょう。開店から 8 年の間にです。それほど大きな金額ではないのですが、今は利益を出しています。

夫吉萬：それは素晴らしいですね。では利益が出たらどうするのですか？

趙眞碩：書店イウムは市民団体なので、収益が出たら社会に還元しようという

ビジョンを持っており、住民運動の支援に回します。出版社と一緒に広報を行ったり、図書館にはプログラム支援をしたりします。出版社と図書館をつなぐ役割ですね。この座談会は私が研究対象になったみたいですね（笑）。

夫吉萬：趙眞碩さんがとても重要な事例を話してくれました。このモデルをよくベンチマーキングして、市民団体が書店をつくり運営する参考にすれば、書籍文化生態系にとっても大きな助けになると思います。

司会：市民団体が書店を運営する事例を他にもご存じですか？

趙眞碩：私たちのほかにはないと思います。

夫吉萬：私は1980年から2年間、会員制の書店を経営した経験があります。その当時、20万ウォンの給料をもらっていた大企業をあてもなく辞めて、給料5万ウォンの良書協同組合に入って活動しました。その当時は存立のために200名の会員を対象に、読書プログラムの運営を熱心に行いました。趙さんのお話を伺って、その頃の経験を思い出しました。

司会：夫吉萬さんも書店経営の経験があるのですね。それでは、次に趙眞碩さんの問題提起を聞かせてください。

趙眞碩：私は出版社、書店、図書館が出会う場が必要だと考えています。一つの地域で働いているのに、隣人に会って話し合う機会がないから相互理解ができないのです。出版社は本が売れない、そして書店では本の仕入れが難しいという。図書定価制政策に関しては、図書館には売り込みに行くこともできずに、決定にただ従うしかない。なぜ私たちは同じ場で、それぞれの悩みを分かち合うことができないのかと考えてみました。これからは出版社、書店、図書館が一堂に会して、共に書籍文化生態系の場をつくることができればと思います。

司会：趙さんが言われるように、出版界も話し合いが必要ですね。そんな意味でも、この座談会がきっかけになれば、うれしいのですが……。

それでは、次に、千錠漢さんにお願いします。

千錠漢：私は図書出版ジョンハン書房の代表をしています。2001 年度にボリ出版社に入社して、出版営業を始めました。その前には「ハンギョレ 21」や「月刊マル」で読者管理の仕事をしていました。それ以降はいくつかの出版社で 17 年間、出版マーケティング業務を担当しました。

　初めて出版マーケティングを担当した 2001 年は、1990 年代後半にインターネット書店が参入し、我が国の出版流通が大きく揺れ動いていた時期でした。私の入社当時、以前からいた先輩たちは書店営業を中心にしていましたが、オンライン書店が登場して、出版社でも「マーケティング」という言葉を使い始めるようになりました。出版社の内部システムも大きく変わりました。

　私は先輩から体系的なマーケティング教育を受けたかったので、「教えてほしい、書店営業はどうやるのか」などと尋ねたのですが、先輩たちは酒席で自分の営業経験を話してくれるだけで、何かもどかしさを感じました。書店の決済日に 1 万ウォン、2 万ウォンを受け取るために、安山、水原、高陽市まで行って、営業担当が列になって待機するのも非効率的だと思っていました。他の業界から来た営業担当は、こんな出版営業の現実にひどく驚いていました。4 か月後の支払いで 10 万〜 20 万ウォンほどの支払手形もあってとても大変です。

　出版流通はとても多くの問題を抱えていることを知りました。それ以降、出版マーケティングのキャリアを積みながら考えたのは、マーケティングを含む出版過程全般を、もっと体系化する必要性があるということです。それでいくつかの出版社で、ひたすら現場の経験を積みながら、個人的に勉強を重ねてきました。そんな中、2012 年に、「トゥデイブックス」から李是雨代表との共著で『出版マーケティング実務ノート』を出版することになり、翌年に単独で『出版マーケティング実践戦略書』を出しました。

司会：千錠漢さんが出された本を私も読みました。

千錠漢：当時、本を出してみると周囲の反応は、あまり好意的ではなかったように思います。なぜなら出版界には立派な先輩がいるのに、若い者がマーケティングの本を出したので、業界の方々が良く思っていない雰囲気を感じたの

です。我々出版界は、行き詰まった構造を持つのではないか。そんなふうに考えました。その頃、私が出版の先輩、後輩、同僚たちに言いたかったのは、「出版マーケティングの発展のためには、マーケティングの経験、ノウハウなどを、いかなる方法であれ共有しなければならない」ということでした。酒席での極めてパーソナルな極秘情報の共有ではなく、本として公表する必要があるということです。出版編集、デザイン、出版制作に関連する書物は、かなり出版されているのに、出版マーケティングに関する体系的な教材や教育システムはないので、相変わらず先輩や上司の経験に依存する形が、いまだに続いているのです。世の中は変化しているのに、出版界は相変わらずなので、危機意識のようなものを感じてなりませんでした。

　2014年の夏、「アカネット出版社」を退社してから、「図書出版ジョンハン書房」を創業しました。そして2014年から16年まで、韓国出版文化産業振興院で「出版マーケティング」の講義をする機会に恵まれ、講義をしながら私自身もとても勉強になりました。最近は聖公会大学の文化大学院で、「メディア文化研究」の修士号を取得しました。論文は「ネイバー書籍文化サービスが出版マーケティングに及ぼす影響」というテーマで書きました。最近起こっているコンテンツマーケティングに興味を持っています。

　これまでの出版マーケティングが書店営業中心だったのに対し、最近の市場はコンテンツマーケティングにすばやく変身しています。これに対応して、現場の人材もそのように変わっているようです。コンテンツマーケティング、プラットフォームビジネスなど、出版専門の人材養成について関心を持っています。2017年に忠北大学の連携融合専科の中に「翻訳出版課程」ができて、同年の2学期から「出版の理解」の講義を担当することになりました。

夫吉萬：司会の金貞明さんも、マーケティング専攻でしたね。

司会：私もマーケティングが専攻ですので興味があります。次に今日の座談会には、特別ゲストとして参加されているナムパルチョンソ代表の金明淑さんにもご発言をお願いします。

金明淑：私は大学を卒業してからずっと出版の仕事をしてきました。文学雑誌

第1節　書籍文化生態系が直面する課題

の編集者もしましたし、出版社では編集者として働いたこともあり、出版社の
アウトソーシングの仕事も 10 年ほど担当したことがあります。本をつくるの
は出版がすべてと思ってきた人間です。「ウィズダムハウス」や「21 世紀ブッ
クス」の本は、出たらベストセラーになるので、私は本というものはつくれば
すべてベストセラーになると思い込んでいました（一同、笑）。

　ナムパルチョンソは創業 8 年目ですが、零細出版社の経営はとても大変で
す。「どうしてダメなのだろう？」と、首をかしげながら経営に明け暮れてい
ます。2017 年 1 月 2 日に松仁書籍が不渡りを出して大きな衝撃を受け、いま
だに衝撃の渦中に残されています。手形による支払いが出版界だけに残ってい
るということに驚きました*注3。

　2017 年、初めて書店を営業される方にお願いして、全国の書店を回っていま
す。全国の書店を回りながら私がつくった本が、「書店を通って、どのように読者
に流通しているのか」という出版流通の現実を知らずにいたことを出版人として
反省をしています。地方に行ってみると、大型書店がたくさんできていました。

　大型書店が開店する時は、1 か月は参考書を売れないのですが、1 か月を過
ぎると参考書を売り始めるのです。そうなると学校前などで細々と商いをして
いる小規模の地域書店は大きな打撃を受けます。地方で 20 年、30 年やってき
た書店にも目を向けなければならないと思います。小規模書店と大型書店が共
生できる仕組み（生態系）が必要です。書店組合の会員として活動しながら、
本当に小さな書店があることはとても重要だと再認識しています。また私は幼
い頃から本を読んできて、これからも本をつくったり読んだりするでしょう
が、自己実現をしたいという気持ちもあるので、みんなが本を体験する文化が
必要だと思います。

李龍勲：書店が中小企業適合業種として指定されたので、それに基づいて大型
書店の新規参入が制限され、大型書店の新規出店の際には小・中・高の学習参
考書の販売が 1 年 6 か月の間禁止されます。金明淑さんの言われた 1 か月間
は参考書の販売が規制されるのは、新規の開店ではなく、改装オープンや拡張

---

* 注3　手形とは、約束手形や支払手形とも呼ばれ、古くから商慣習として用いられてきた。一般に「現
　金の支払日を後日に繰り延べる方法」である。ここでいう「手形問題」とは、極めて小額の売
　掛金にも、手形の支払いが乱用されている商慣習を指している。

17

移転の場合の規制です。

夫吉萬：書店が中小企業適合業種に指定されたのは 2003 年のことですが、2016 年から、それに基づく大型書店の規制が施行されています。

李龍勳：結局は消費者主権の問題でもありますが、大型書店だけが存在するのではなくて、地域書店が共存できる連帯が必要だと思います。

夫吉萬：一部の都市ではありがたいことに「希望図書貸出制度」として、書店と図書館を連結する取り組みをしています。地域の住民が図書館のホームページで本を選び、書店に行ってその本を受け取り、読んでから書店に返却すると図書館が書店に図書購入費を支給する制度を始めています。

李龍勳：つまり、地域書店が生き残れるように条例を考えたのです。消費者主権のために、業界内部でさまざまな制度と事例を議論してみる必要があります。書籍文化生態系とはそういうことでしょう。事実、大型新古書店のために、地域の小型書店の経営がとても厳しくなっています。当然ながら出版社も大変です。新刊が売れないのですから。そのうえ図書館が本の貸し出しをしているので、新刊の販売額が減っていくのは当然の成り行きです。

　出版社にしてみると、図書館が気に入らないのでしょう。今回の図書定価制延長についての論議の際に、図書館関係者はあまり参加しなかったようです。公共貸与権などから公共サービスを増やそうとすれば、予算を増やさなければならないし、戦略が必要なのです。お互いに主張だけするのではなく、出版界と図書館界がチームワークをしっかり固め、制度を修正補完したり、図書館の新刊蔵書購入費予算の拡充など、一緒に議論して政府に提案することもできるのではないでしょうか。

　今回は文化体育観光部が組織整備をしました。出版印刷読書振興課に代わって、読書、出版、印刷行政を一つの課にまとめたのですが、図書館の扱いは別になりました。図書館も読書、出版、印刷と一緒でなければならないのに、図書館は産業的側面よりは、地域文化の側面から公共サービスをすべき役割を担当することになったのです。

第2節

書籍文化生態系を定義する
── 好循環のために解決すべき課題 ──

司会：書籍文化生態系に関するお話をしていただいていますが、では「書籍文化」とは何か、「書籍文化生態系」の概念をどのように定義できるでしょうか？

夫吉萬：今、地域出版の発展に関心を持っており、2017 年 6 月に長野県の塩尻市立図書館に行って見てきました。私は地域の新聞にコラムを書いているので、「地方分権時代の書籍文化の再生」についても言及しました。本を生産する、すなわち本をつくることだけを再生してもダメだということなのです。

　本を取り巻くサークルと見ることができるでしょう。本をつくる人がいて、本を流通させる人がいて、本を消費する（読む、利用する）人々がいます。この流れがきちんと循環するようにさせる政府の政策、教育、国民の文化意識、社会の雰囲気など、全部をひっくるめて「書籍文化を支える生態系」だと思います。つまり、書籍文化の中に本の産業が入らねばならない、産業的な接近だけではダメだということです。

　本をつくる段階は大きく分けて、著述グループと出版グループがあります。著述グループは原稿を書く著者たちで、出版グループは原稿を選別したり、企画をしたりします。流通は書店、図書館を含めます。最も重要なことは、消費する側でしょう。消費はつまり読書ですが、1 冊の本がただ消費者の手に渡ることで終わるのではなく、読者が読んで評価したり討論したりすることを指しています。図書館や書店で行う読書会など各種の活動が消費になると思います。一連のシステムをまとめて全体を大きな枠で見なければなりません。

これまでは対策が、出版に限定されていましたが、今後は、出版の発展よりは「書籍文化の発展」と表現しなければならないと思います。生態系とはつまり有機体なのですが、大きな枠で見れば、今では国家競争力になるでしょう。わが韓国社会が世界文化にいかに有益に貢献すべきか。こうした巨視的な問題まで含めて、そして時代の流れをいかに反映させるか。時代精神など大きな観点から眺める分野が書籍文化だと思います。同時に、人々の暮らしに本の文化が入って行くようにすることが重要です。

千錠漢：私も夫吉萬さんの意見に賛成です。これまでは出版文化、出版事業という言葉を使ってきましたが、これらは完全に本を生産する立場から出てきた言葉でした。今後は、書籍文化の概念から、本を消費する過程にいる読者がとても重要な位置になると思います。

改正図書定価制が導入されて実行される過程で、出版界がどれほど読書のことを考えたか。書籍文化生態系の中で読者の立場をどれだけ考慮したかについて、冷静に振り返ってみなければならない。マーケティングをしながら市場で読者に会ってみると、読者は出版業界にかなり不信感を持っていました。

特に本の定価とか、流通マーケティングまで、出版市場に対する信頼性が揺らいでいるように感じます。図書定価制の改正も出版社の利益のためと思い込んでいる方が多い。読者がこのように生態系に不信を感じる原因は、ベストセラーに執着するなど過度な成果主義、そして読者を金を稼ぐ対象と考える出版界側にあります。これからは出版方針を拡大し、書籍文化生態系を形成していく際には、読者中心へとパラダイムを変えなければならないと思います。

夫吉萬：読者と出版社だけでなく、著者と出版社間にも対立はあります。今後はさらに倫理的で、透明な書籍文化のシステムが必要でしょう。

李龍勲：文化が自然に、私たちの日常の中に浸透していくと見るならば、本が日常に浸透して、自然に書籍文化がつくられたのだと思います。ここで何が問題かというと、以前とは異なり、今は本だけが最も普遍的で最も簡単に接近できる、望ましい文化やメディアではないということです。だから書籍文化の再定義が必要です。生態系には生老病死の過程が自然に流れています。

新しいものが生まれて消滅する過程が、うまく機能しているのが生態系だと思います。私たちは生態系の話をする時に、生老病死のうち、特に「死」に対してはかなり否定的です。韓国は失敗が許されない国なのです。絶対に失敗してはならない国でしょう。生態系は自然に生成と消滅の過程を辿ることになるのですが、そんな意味で死ぬことも意味があって、生きることも意味があるのだと思います。だからみんな自分の目の前の木々だけに気を取られ、森全体を見ることができないのではないか、というもどかしさがあります。私たちは視野をさらに広げなければならないでしょうね。

昔のように本がとても少なくて、同じ本を何度も読んでいた時代から、まだ40年も経過していないと思います。学問研究が発展して、著者も出版社も増えて、図書館も拡大してきましたが、突然こうした構造が崩れました。生態系の中で自分は1本の木であり、それぞれに存在する理由がある。そして全体のために私たちがどのように協調して、一つになれば良いのかを考えて、生態系をしっかりと育てる努力が必要な時代を迎えているのです。

司会：今、生老病死の話をされましたが、以前はウェルビーイングが重要でしたが、今はウェルダイイングが注目されてます。書籍文化にもウェルダイイングがあるのでしょうか[注4]。

夫吉萬：先日、ある出版社の社長からこんな話を聞きました。「出版社はたくさんの本を売ろうとしてはいけない、それは出版ではない」と言うんです。「本を必要とする読者に必要な本を提供するのが出版である」という考えです。生態系を考える際には意味のある発想だと思います。娯楽などエンタメ系の情報が多いだけに、本は市場にあふれていますが、本をいかに出すかが重要です。

スマートフォンが普及して、本よりスマホを楽しむ文化が生まれました。スマホには膨大なコンテンツが収蔵されています。問題はスマホだけを発展させようとしていることが、「国家競争力の側面で正しいことなのか」ということです。

[注4] ウェルビーイングとは、「個人の権利や自己実現が保障され、身体的、精神的、社会的に良好な状態にある」ことを意味する概念。一方、ウェルダイイングとは、品格ある死、幸せな最期について学び、準備することが注目されるようになってきている。

趙眞碩：先ほど言われたように、コンテンツという側面から接近する必要があるのではないでしょうか。そうしたら、オンラインとオフラインの区分がなくなるでしょう。今のように「紙の本対電子書籍」のような競争関係にはならないでしょう。コンテンツをオンラインで読もうとオフラインで読もうと、いずれも本という形（資料集の形態、論文の形態、本の形態）につくられて流通されるのであり、読者がいるから著者が存在できるのです。読者を通じて著者が新たに生まれることができる。それが書籍文化だと思います。

　少し異なる観点から見ると、著者から読者まで、読者から著者まで行き来する過程が書籍文化だと思います。すなわち著者、出版社、流通ルート（流通ルートの中には書店も入っています）、本に出会える図書館、そして読者、読者がまた著者になる一つの循環過程が、きちんと成り立つことが必要でしょう。

　司会の金貞明さんが、書籍文化生態系のウェルビーイングとウェルダイイングの話をされましたが、法頂師僧のいう『無所有』[*注5]という教えは、ウェルダイイングの代表的な事例ではないでしょうか。もしこれまでに、この本が出ていたとするならば、出版社と著者に意味があったでしょうが、本のタイトル『無所有』のように、本も読者が所有せずに消えて行くのも意味があると思います。現在、出版の生態系は、それぞれの領域が揺れているだけでなく、各自が生き残る道を選択したため、著者も出版社も書店も図書館も読者までもすべて、土台が揺らいでどうしたらいいか、わからない状況にあるようです。

夫吉萬：本をコンテンツとして見ることには同感です。以前はコンテンツがあまりにも少なかったので、コンテンツに接近さえすればすごい作家と見なされました。その人がパワーを持ちます。現在は情報の洪水の中で、人々に情報を浴びせかけます。何をどのように見ればいいのかもわからない。そんな時に、出版という行為に意味が生まれるのだと思います。紙であろうが電子書籍であろうが関係なしに、どんなコンテンツを選び読者に提供するかという問題です。

　出版というものは、しっかりとしたコンテンツを選ぶ役割をしており、それ

[*注5]　『無所有』は汎友社刊のベストセラー。著者の遺言で「著者の死後は販売しないこと」が約束され、その約束が守られている。法頂は「何かを持つことは、他方ではその何かに縛られることだ」と説いた。「無所有」とは、「何も持つべきではない」という意味ではなく、「要らぬ欲を捨てろ」という教えだという。

第2節 書籍文化生態系を定義する

なら出版を通じて何をすればいいのか。一般の人たちがコンテンツを選ぶことができる能力を持つようにするのが、出版がしなければならない役割ではないでしょうか。似たような考えをユヴァル・ノア・ハラリとアルビン・トフラーが書いています。昔は情報を遮断するのが検閲だったのに、今は情報をぶちまけるのだそうです。それでは何が何なのかわからなくなります。トフラーは『富の未来』という本で、「国家的でも個人的でも役に立たない情報は捨てろ」と主張しています。「ゴミのような情報をみんな捨てろ。そうすれば富を創出できる」と言っています。この役割が出版だと私は考えます。

出版流通の基礎知識
既存ルートを脅かす多様な流通チャネル

　韓国の出版流通は大きく三つのルートがある。雑誌流通、教科書流通、そして書籍流通である。雑誌の流通は、雑誌社が総販（地域販売）や支社を置き、書店を通して販売したり、郵送や宅配便によって定期購読者に届ける形態になっている。最近は雑誌が売れ行き不振のため、総販や支社の役割は縮小傾向を辿っているようだ。雑誌のほかに学習参考書、児童書、コンピュータ関連書籍なども、総販の手を経て流通していることが多い。また教科書の流通は、市・郡・区の教育庁が国定教科書や2種教科書を選択し、傘下の各校に供給している。

　これに対し書籍の流通は、委託販売制または常備任置販売制、そして定価販売制（再販売価格維持制度）を基本とする。販売ルートとしては、①＜通常ルート＞出版社—卸売業者(取次)—書店—読者、②＜直接取引ルート＞出版社—書店—読者、の二つが主であるが、1990年代半ばからは、この書籍流通ルートに注目すべき変化が起こった。

　レンタルショップ、コンビニ、読書クラブ、大型ディスカウントショップ、オンライン書店、テレビのホームショッピングなど、さまざまな販売チャネルが現れたからである。

出典：『韓国の出版事情』（出版メディアパル、2006年）

■ 第1章　書籍文化生態系をめぐって

第3節

書籍文化生態系を循環させるには
──第4次産業革命時代の書籍文化生態系発展プラン──

司会：次のテーマ「書籍文化生態系の望ましい循環のために解決しなければならない課題」について議論を展開していきたいと思います。

千錠漢：プラットフォームビジネスを研究してみると、結局、情報は一つのプラットフォームにみんな集まるじゃないですか。役に立たない情報、知るべき情報などが漂い一つの特定のプラットフォームの中に入ってきて、それをこのコンテンツを消費する人々が、自発的に取るものは取り、捨てるものは捨てて、そうして自分に合ったコンテンツを拡大していくのです。それらは我々が伝統的に本をつくって書店に展開する受動的な出版行為とは異なり、本当に生きている有機体としてコンテンツが共有されて消費される現象と見ることができますが、これも最近現れた新しい書籍文化生態系の姿でしょう。

李龍勲：デジタル時代になり、直取引システムになって、既存の媒介者の役割が崩れています。著者と読者が直に出会える環境になりました。数え切れないほど多数のうちから何を選択するかについて悩んだり、決定するのに障害があるので、信頼できる情報を提供することが必要です。最近、書店や図書館で行うキュレーション[注6]が重要ですね。
　読者は好みの本が無いから買わないのではないのです。たくさんの本の中で正確に何を望んでいるのか、誰かがそのニーズに合わせてコンテンツを提供す

---

*注6　キュレーションとは、インターネットなどの情報を収集しまとめたり、収集した情報を分類し、新しい価値を持たせて提供することをいう。

第3節　書籍文化生態系を循環させるには

ることが重要になりました。出版もその点で、なぜこの本を出すのかを、明確に読者に知らせる必要があります。書店や図書館も、なぜこの本がここにあらねばならないのか、読者がなぜ読まねばならないのか、ガイドしてあげることが重要です。図書館ではテーマを決めて本の展示をしたり、読者に持続的に本を勧めて、情報を伝える役割を果たさねばならないでしょう。私は、書籍文化生態系で最も大切なことは、信頼だと思います。どれほど相手を信じられるか。相互の信頼を築いていくことが最も大きな課題ではないかと考えています。

夫吉萬：李龍勲さんが「書籍文化生態系の好循環のためには相互信頼が最も重要だ」と言われましたが、私も同感です。出版社も図書館も書店でも読者たちも、選択する過程がずっと流れていくため、生態系になるのでしょう。問題は私たちが一緒に検討しなくてはならないテーマは、そんな時に「選択の基準をどのように定めるか」ということです。

李龍勲：それは特別な基準ではなく、その選択をする人々が一方的に伝えるよりは、読者との意思疎通を通じて、必要な情報や専門性を加えて選択して提供したり、相互にフィードバックすることもあるでしょう。以前は良書目録や推薦図書リストがあって、その図書目録は全部読まねばならなかったのですが、今はもうそんな時代ではなくなった。読者の趣向や世代別の特徴などが極めて細分化されたために、出版、書店、図書館なども、読者の好みを知って多様で奥深いコンテンツを提供しなければならなくなりました。

趙眞碩：「私的な書店」という書店があります。個人相談を2〜3時間行って、その人の好みに合った本を選んで送ってくれる書店です。1対1で必要な本を選んでくれる場所として書店の役割、私たちの書店ではなく、"私の"書店が必要なのです。私たちの目録ではなく"私の"目録が必要な書店なので、それでキュレーションが必要になります。個々人の欲求をどれだけ満たすことができるか。それらを集めることができるか。積極的にきちんと選べる人もいますが、ほとんどの人が選べないでしょう。それでよく目立ったり、有名人が推薦する本を中心に選ぶようになります。

　大切なのは、本の評価に対する自分の信頼感でしょう。その基礎を見ると、

25

私だけのためにサービスがあったらうれしい。今では需要でもあり要求でもあり、生産もそうなっています。フリーマガジンが増えているのもそういう理由でしょう。著者・出版社も 1000 冊、2000 冊を印刷するのではなく、私が表現したい範囲の量だけつくるのです。無くなればそれで終わりです。私という主語に変える、変化していくことに対して出版がどれほど対応しているか。こんなふうに考えたりもしています。

夫吉萬：とても良い話をしてくださいました。1 対 1 のサービスは、とても重要だと思います。もう一つは、読者と出版の概念を別に勉強したことです。出版と読書自体に没入していくのではなく、グループと連結させる出版と読書を考える必要があります。たとえば、多文化家族がたくさんあります。多文化家族のためにどんな本を出版し、彼らのためにどんな本を勧めるか。さまざまなニーズをグルーピングして出版し、読書につなげる過程が必要です。

千錠漢：出版社はターゲットに合わせて、需要に合わせて本を出版するのが原則でしょう。しかし、大衆出版をしながら予測可能な出版企画を立てるのは、実はそう簡単ではありません。

夫吉萬：私は出版社の代表者を大勢知っていますが、大きく 2 つのタイプがあります。第一は、「ベストセラーを出さなくては……」といつも考えている出版社、第二は、「自分が好きな分野の専門書だけを地道に出す」出版社です。ベストセラーを追う出版社は経営の安定を図ることが難しい。無数の出版社がつぶれました。しかし専門書を着実に出す出版社は、時間の経過とともに読者が増えていきます。また、建築、美術、歴史など、専門領域を持つことも大切です。

李龍勲：先ほど「私的な書店」の例を話してくださいましたが、実は図書館の役割が、1 対 1 の図書推薦サービスをする文化の公共性を持つ場所なのです。司書がする仕事は貸出・返却の処理ではなく、利用者に適した資料を提供し、利用者の抱えている問題を解決する手助けをすることです。しかし、韓国の図書館では、利用者は要求することはなく、要求したとしても、十分な人材や専門性

を持った司書が、利用者からのサービス要求に応えることはできないのです。

　外国の図書館はレファレンスサービスをきちんとやっています。翻訳書を見ると、「ある図書館の某司書に感謝します」と、"前書き"あるいは"後書き"に書いている場合があります。韓国ではそんな"前書き"を見たことはありません。

　図書館は個人ができない知識情報量を集積・管理し、利用者の必要に応じて、それらの質問に答えながら資料を提供する共有の文化施設です。この過程で専門的な司書たちが大きな役割を果たすことになります。私はこれから図書館に多額の公費を投入して、書籍生態系の基礎を築けるように、公共サービスを十分に提供できるようにならねばならないと思います。

　図書館の数も増やさねばならないし、資料購入費も増やして、資料を積んでおく空間ではなく、それをしっかり動かして管理する人的資源に対する関心も持たなければならない。この問題は、図書館の政策を担当する政府の関係者にも、必ず知ってもらわねばなりません。出版で最も重要なのは"人"であるように、図書館の建物や本も重要ですが、司書がとても重要だということを、一般社会の方々も大いに関心を持ってくださるように願っています。

夫吉萬：図書館の司書拡充はとても重要であり、それが基本ですね。同時に、図書館に能力のあるボランティアを大勢確保し、活用する必要があります。知識や経験が豊富なのに現役を退いた方たちが、この社会には大勢いるのです。書店の場合、ドイツでは書店員に資格証を交付します。顧客が訪ねて来て相談した時に、顧客に合った本を推薦できる能力を育てています。

千錠漢：書籍文化生態系をもっと豊かにするためには、さまざまな本が社会にあふれていなければなりません。最近の本の流通状況を見ると、多様性がかなり失われつつある構造になりました。図書定価制以降に現れた現実は、旧刊の販売がうまくいかない反面、新刊は増えている傾向ですが、実際はそれさえもあまり売れていません。イベントや広告のようなプロモーションマーケティング費をたくさん使っていながら、出版社の経常利益はいっそう悪化しています。こんな状況が繰り返されたため、読者に必要な本をつくらなければと考えながらも、出版社の生存のために、結局は売れる本を中心に出版企画を立てる

■ 第1章　書籍文化生態系をめぐって

ことになります。これが多くの出版社が抱えている現実的な課題です。出版が多様性を確保しようとすれば、安定的に本を出版できる市場と流通の改善が必要だと思います。

李龍勲：国立中央図書館では、ビッグデータ事業[注7]をしています。貸出データを集めて、どんな本が多く貸し出されているかを調べるのです。図書館に来れば利用者が検索をします。正確に知っている本を検索することもあるし、キーワードで検索することもあります。図書館にその本が所蔵されていれば出てくるし、無ければ出てきません。検索をして所蔵はしていないが、現在出版されている本であれば、図書館では収書をします。初めから出ていない本もあります。これらのデータを集めて出版社、また多くの著者と共有して出版されるようにすれば、本の多様性を増やすことになるでしょう。図書館で利用者の情報を集めて、出版界と共有して出版企画につなげる過程が必要です。出版界側で積極的に関心を持ってほしいですね。

司会：読者のニーズを正確に知ることができる図書館や書店の検索ビッグデータの分析は、出版の過程でとても重要な資料でしょう。

李龍勲：ソーシャルネットワークサービスだけを分析しても、読者のニーズを把握できます。書籍文化生態系で最も残念なのは、雑誌など定期刊行物に対する関心が薄いことです。日本も雑誌の売上げが書籍を下回ったとの記事を見ました。雑誌が本当に危機を迎えています。それは必要がないのではなく、他のメディアが代行しているからです。図書館は定期刊行物に対する関心は高いのですが、予算に限界があるため、業界から積極的に政府に政策提案をしなければなりません。図書館は本、雑誌、新聞、デジタル資料など莫大な資料を保有していますが、利用者のニーズに迅速に対応するサービスを、本の生態系の中にあるテーマと共に考えて解決していかなければなりません。

千錠漢：2015年の国民読書実態調査を見ると、韓国人の読書の障害要因の第

＊注7　ビッグデータ事業とは、一般的なデータ管理・処理ソフトウエアで扱うことが困難なほど巨大で複雑なデータの集合をコンピュータを駆使して、さまざまな事業に活用することをいう。

1 位は、時間的余裕がないことです。成人は「仕事が多くて」、学生は「勉強をしなければならないから」と答えています。スマホの普及拡大が本を読まなくなった理由だと思っていたので、ちょっと驚いた記憶があります。書籍文化生態系の好循環のためには、社会的システムの変化が必要でしょうね。

夫吉萬：大学進学能力試験問題の 70% が EBS（韓国教育放送公社）の教材から出ているので、中学・高校生は EBS 教材ばかり使いたがります。EBS の比重を 10% 以下に減らすべきでしょう。また青少年が大学進学のための勉強ではなく、自分の人生のための本当の読書文化に馴染むように、教育システムが変わらなければなりません。

趙眞碩：私がやってきたことの一つに「30 分間読書賃金制」というものがあります。毎日 30 分を賃金に換算するのです。私たちは出勤時間が 11 時または 13 時なので、その前の 10 時半や 12 時半に出勤して、読みたい本を 30 分ほど読むのです。読む時間を賃金（就労時間）に含めるのです。この制度を施行したら、職員たちが実際に読みたい本を気楽に読んでいます。働いている時間は読みたい本が読めないからです。読書をするのは良いことだ、時間さえあれば読書をする、そんな言葉を聞いて「30 分間読書賃金制」を始めたのです。

夫吉萬：私もある出版社で働いていた時に、毎朝各自それぞれ本を読んで、1 週間に一度読書についての討論をしたり、書店に出かけてどんな本が出ているか調査して話し合う時間をつくりました。今はやっているかどうかわかりませんが、すべての職場で、社員が本を読む時間を勤務時間の中に繰り入れたら、個人、組織、企業、さらには国家の競争力まで高まるのではないでしょうか。世宗大王は「私家読書制度」（家で休みながら勉強する機会を与える制度）をつくって読書を奨励しました。

李龍勲：ソウル市の公務員にも「私家読書制度」があり、私もよく利用しました。

司会：学生たちは学校で行っている「朝の読書制度」や会社では「30 分間読書賃金制」のように、読書文化を一緒につくっていけたらいいですね。日本の場合、

■ 第1章　書籍文化生態系をめぐって

「朝の読書運動」の結果、子どもたちの読書時間が増えたという報告もあります。

千錠漢：「朝の読書運動」は、ひとえに学校長の裁量にかかっているようです。

趙眞碩：本を消費する消費者のニーズに対して、正確に把握できるのか否かについて考えねばなりません。読者のニーズを基礎に出版するなり、読書運動をするなり、方針を広げるなりしなければなりませんが、それを長期的にできる場があるのか。そうした資料がないので個別的な努力をおおまかにやってきたのです。この問題を緊急に解決しなければならないと思います。

　李龍勲さんが雑誌の話をされましたが、日本で原発事故が起きた翌月に関連書籍がたくさん出ました。これはすでに原稿が準備されていたということでしょう。雑誌に掲載された文章や緊急の事件が起こっても本をすぐに出せる、その分野に関連する著者がいるということです。こうした役割は本来は雑誌が担うべきものです。雑誌が本につながる役割を担当するのです。それぞれの産業分野の専門誌も多く、その要所要所を雑誌を通じてコンテンツを備蓄しておき、必要な時に本の形で読者に渡っていくシステムが必要です。

　『朝日新聞』に「本と新聞の大学」という欄があります。姜尚中さんなどの著者たちが、本と新聞の学校を開いたそうです。この事例もベンチマーキングするといいでしょうね。新聞—雑誌—本という媒介をしっかりとつないでいます。こう見ると同じ読者ということです。文章に関心のある読者、そして文章を必要とする読者に持続的な関心を呼び起こして、彼らを読者にしていく事例を私たちも学ぶ必要があるでしょうね。

李龍勲：雑誌はある意味で、貯水池のような役割をしています。書籍文化生態系に雑誌まで含めて有機的な関係をつくり、シナジー効果が生まれるようにしなければならないでしょう。出版物を見ると、雑誌や新聞に連載されたものをまとめて出すものが多いようです。でも本にだけ集中する、結果にだけ集中するよりは、多様な分野の専門性のあるコンテンツが雑誌を通じて積み重なる過程がとても重要です。なぜなら事前に読者の反応がわかるからです。いつからか私たちは、雑誌も新聞も見なくなりました。これは本当に問題です。書籍文化生態系を広く考えると、雑誌も必ず含まなければならないからです。

30

第4節

書籍文化生態系における争点
──出版流通の問題と解決プラン──

司会：先ほど千錠漢さんから出版流通の問題点について指摘していただきました。2017年1月2日に松仁書籍が不渡りを出して、出版界が大きな危機に見舞われましたが、書籍文化生態系の最も大きな争点である出版流通の問題と解決策に関する意見をお願いします。

李龍勲：他の産業ではすでに消えている手形取引[注8]が、出版流通にだけ残っていることに驚きました。

千錠漢：出版社を創業して書店と取引するためには、電子手形受取確認書を銀行に行って取得しなければなりません。窓口の銀行職員もこれをよく知らないのです。今や手形を使うのは出版以外にはなくなりました。

　出版流通に関しては、つまり手形と委託制度を変えないことには解決策は出ないのです。書店のモデルを変えなければならないと思い、全体の品物の取り揃えよりは、キュレーション化されたリストを現金決済で受け取り、陳列や販促をする形態を考えています。

金明淑：大手出版社の「平台の独占的使用契約」のために、出版流通が混乱しているように思われます。そんな悪しき慣行はなくさねばなりません。

李龍勲：出版社は1年前に「出版予定リスト」を準備していますね。図書館

---

*注8　17ページの注3に同じ。

側は本が出てから知る構造を変えなくてはなりません。つまり予測可能な出版システムが必要なのです。クラウドファンディング[注9]を通じて、出版する事例も出てきました。これは製作資金を得るとともに、読者を確保する方法です。読者がいなければ本を出せないからです。昔は出版社の名前だけを見て本の発注をしていましたが、今では出版社の数が増え、そのようなやり方は不可能になりました。出版社側が需要予測をする努力が必要になっているのです。

趙眞碩：直取引ルートをもう一度復元する必要があります。適合した書店と出版社が出会えるようにしなければならない。直取引では現金決済が中心になりますが、委託販売も必要だと思います。日本では出版流通を取次が左右する力が強いため、出版社や書店を開業するには取次との関係が非常に重要です。しかし韓国は、出版社と書店が直取引をする余地が生まれました。直取引は欠点というよりも、以前のように本だけ送る方式は問題が大きいと言えます。毎月集金に行く方法も合理的とは言えません。

　しかし、出版社が読者の誰かに出会うためには、ビックデータの利用のほかに、図書館や書店に行くべきだと思います。それでも、これがうまくいかないこともあるので、李龍勲さんは「本が出る前に刊行リストを事前に知るようにしなさい」と言われました。この点については、出版社マーケティングチームの担当者が書店や図書館に通い、読者がどんな本に興味があるのか、どんな企画を出せばいいのか、データを集めて整理し、各出版社に合った本を出すようにしなければならないのです。

　ところが最近はこの過程がなくなってしまいました。出版社は本を出すと、オンライン、オフラインなど7か所の書店に行って、「本が出ました。うちの本をたくさん売ってください。何冊注文しますか？」と言って注文をとります。これでマーケティングが成り立っているのです。これはマーケティングとはとても言えないですよ。本の企画と本の運営、本が読者に届く、その最後まで見届けるのが出版マーケティングだと私は思います。

　また、図書定価制に変わってから、返品図書の行き先がなくなったように思

---

*注9　クラウドファンディングとは、群衆（クラウド）と資金調達（ファンディング）を組み合わせた造語。ソーシャルファンディングとも呼ばれる。不特定多数の人がインターネット経由で他の人々や組織に財源の提供や協力などをすることを指す。

います。出口をつくらないまま法を施行したため、書店は出版社に返品をして、出版社では返品問題を解決する方法がない。だから出版社は本を少なく刷るようになり、書店に本がうまく出回らなくなった。出版社は書店に制限された量の本しかつくらなくなった。限られた本を大型書店中心に送り、主要拠点となる書店にだけ本が集中する現実になっているのです。一般書店は本がなければ売るものがない。正直、本がないから売るものがない。配本されないから、売ることができないのです。ところが出版社では、本をつくったのになぜ売れないのだろうと言っています。そこで私が対案を考えたのですが、出版社に本棚を提供するのです。書店イウムでは出版社に本棚を任せて、出版社が商品を詰める方式を採用しています。ここに出版社の本を展示してください。管理・販売は当方がやりますという方法です。

　1か月の結果を見て、期間の延長をするかどうかを決定します。実際に売上げは伸びています。5倍、6倍も上がった例もありました。なにしろ毎日本がたくさん刊行されていくので、書店でキュレーションするのも大変です。今は生産者と流通業者が力を合わせなければならないし、図書館に対しても、一つのテーブルで顔を合わせなければダメだと思います。図書定価制法を改正する時に、協議の場に図書館関係者がいなかったことが大きな問題だったと思います。韓国書店組合連合会から2名が来ていましたが、果たして2名も必要だったのか。書店の意見がちゃんと反映されたかどうかも疑問です。図書定価制の議論の場に図書館が抜けていたということも致命的な問題だと思っています。

司会：日本書籍出版協会から、ひと月に2回ほど近刊情報誌『これから出る本』が出ています。各書店に無料配布されます。読者がどんな本が出るのか前もって知ることができて、欲しい本をそれを見ながらチェックして購買につなげていくことができるのです。読者は近刊書を知ることができ、出版社でも読者を見つけることができる出版環境をつくらなければなりませんね。

金明淑：韓国の出版流通においては、手形が深刻な問題ですが、日本の出版社は「取次－書店ルート」では委託販売が基本とのことですが、大きな問題点はどのようなことなのでしょうか？

司会：日本の出版流通の基本は委託販売制度ですが、最大の問題は返品率が平均で 40% 近くもあることでしょう。委託制度の見直しや買切制や直販制などが盛んに議論されています。

　日本のトランスビューという出版社は直取引です。書店と供給率（掛け率）70% で取引をしています。取次と取引する時も 70% です。一般的に小売書店のマージンが 22 〜 24% 程度だから、直取引をすることで書店は 30% のマージンを得られます。取次を通した場合は買切方式にして、直取引の場合は返品可能な委託と買切の両方があります。代わりに返品は書店が送料を負担します。書店は返品にかかる費用を考えて、注文する時は慎重になります。日本の場合は、ネット書店のアマゾンが進出してきてから、直取引方式が増えています。

　日本出版インフラセンター（JPO）では、紙の本だけでなく、電子書籍まで情報を共有します。情報を書店と出版社が共有し登録します。プロモーションやポスターなどに投稿すれば、書店でも見ることができるそうです。出版情報登録のために、出版社と流通会社などが一緒に議論します。経済産業省から支援を受けて書誌情報登録を活性化させています。

千錠漢：大型書店の広告媒体の運営は、最近のことではなく数年前から始めています。この広告媒体中心の図書陳列は、資金が足りない小さな出版社としては、良い本をつくったとしても、読者に本を紹介できる機会を根本から奪われるようなものです。出版社が大型書店でプロモーションする際には、最低でも30 万ウォンから 100 万ウォン以上の費用を払って特定媒体を買わなくてはならないし、供給率（掛け率）まで低くして買切で仕入れなければならない。買切の特性上、返品はできませんが、書店は売れなければ出版社に返品します。またオンライン書店が改正図書定価制施行以後、供給率の修正をしていないのです。

　韓国出版人会議でも、YES24 と解決策を模索していましたが、どうなったのかうやむやになりました。YES24 はそれ以来、新規の出版社との取引をしなくなり、取次に委託取引条件を掲げていて、既存の出版社との供給率を引き上げる部分にも、いまだに微温的だと聞いています。参考までに、ジョンハン書房は YES24 との取引は供給率（掛け率）60%、他のインターネット書店は 65%です。

趙眞碩：供給率（掛け率）や広告媒体の問題は、法律で定めるものではないし、「あなたたちの本を売ってあげるから、場所代を出しなさい」ということでしょう。問題にもできますが、大手の力がなにしろ強力なせいで、力の論理に押されているのです。私たちのように零細書店が脅威を感じるのは、オンライン書店のオフライン書店への進出です。どうして教保文庫が一山（高陽市の地域名、住宅団地が多い）まで出て行くのか。近所の子どもの小遣いまで奪い取りたいのか。これはオンライン書店と大型書店間の戦いなのです。大型書店の向かい側に新古書店の形態でオンライン書店を経営している状況で、これによって書籍文化生態系に及ぼす影響が次第に大きくなっています。

　今後、新古書店が新刊まで売ることを拡大してくるでしょう。この影響を市中の零細書店はすでに受けています。書店イウムだけでも、300 メートル以内にオンライン書店が運営する新古書店があるので、この波がどんどん押し寄せていることを感じています。新古書店がなかった時は、イウムにだけ来て本を買ったのに、最近はイウムにも寄り、新古書店にも寄る。今ではあちらにまず寄って、イウムはたまに寄るようになった。つまり消費パターンそのものが変わってしまったのです。

　地域書店だけでなくて、出版社も初版を売り切ることができないばかりか、本を出版できる機会が狭まってしまうのです。そんな状況において、オンライン書店のオフライン市場への進出、新古書店を経営しながら、利益をオンライン書店がすべて持っていくことは、書籍文化生態系に悪影響を及ぼす点から、本当に問題です。この問題は広く論議する必要があります。

李龍勲：オンライン書店が新古書を流通させている件については、社会的考察と合意が必要でしょうね。私は新古書の流通にも、出版社と著者に利益を分配しなければならないと思います。図書館の公共貸与権についてもそう思います。この問題は社会的に考えて解決しなければならない。読者の立場から言えば、新刊だけを買うことはできない。読者の悩みも解決しながら、書籍文化生態系の中で、みんなが共存できる道を探らねばならないでしょう。

夫吉萬：私たちの社会が、第 4 次産業革命時代にどんなふうに変化するのか、人間が機械に判断を任せてしまう、そんな時代が迫っています。果たして、そ

第 1 章　書籍文化生態系をめぐって

の時に、書籍文化はどうなるのかが大きな課題だと思います。

鄭潤熙：『出版ジャーナル』が 1987 年に創刊された当時の出版流通に関する問題点をよく記憶しているので、そうした課題が 30 年間も解決されずに、さらにもつれて総体的な難局に到達しているという思いがします。どこに解決の糸口を見つければよいのでしょうか？

夫吉萬：改めて、書籍文化の生態系をめぐる問題点の実態を詳細に把握し、問題を解決する方法を研究することでしょう。

李龍勲：今回の座談会では問題点だけをまず出して共有し、次の座談会では解決策を模索してみるのがいいでしょう。今日この席で解決策まで話すのは無理がありますからね（笑）。それから書籍文化から「面白さ」が抜けています。もともと、本より面白いものが多いのです。本は穏やかに話さねばならないみたいじゃないですか。結局、読者は、著者の考え、著者の話を聞きたがります。出版社が共同で、光化門に作家 500 名が出てきて、「ぼくを探せ」というイベントをしても面白い。出版も今は読者が興味を持つ要素を開発し、読者が自ら本を探すように仕向けなければならない。

夫吉萬：それから、作家グループと出版グループの緊密な連携が必要です。出版社は利益団体がありますが、著者たちはグループに入っていません。『出版ジャーナル』でも作家グループをつくって、執筆と出版をつなぎ、書籍文化生態系を生かす方向に進まなければならないと思います。そして作家の研究が必要です。たとえば、李御寧、金亨錫、李元馥、趙廷來など、私たちの社会で読者を多数確保している作家のことを、さらにいっそう研究していく必要があります。

司会：『出版ジャーナル』も、今後の座談会を企画する際に、作家グループを招いて、出版と読書についての意見と提案を聞いてみるのもよいでしょうね。

趙眞碩：作家はどのように生まれ、育てられたのかについて、共同の研究が必要です。わが書店イウムでは「本屋が愛した博士」というコーナーをつくり、

36

第 4 節　書籍文化生態系における争点

博士論文を単行本化して出された方々を紹介しています。鍾路文化財団と共同で講演会の企画もしているのですが、講演会を何度かすれば、その人の話が本として出す価値のある内容かどうかがよくわかるものです。

司会：最後に、出版と読書の相互作用、書籍文化生態系の望む方向についてお話をお願いします。

夫吉萬：最近、地域出版が登場するようになりました。地域出版の実態調査を土台に、地域文化及び地域出版文化の発展方針を示すことが必要です。出版と読書の問題は、私が見る限り、読書教育の未成熟が問題だと思います。学校制度、教育の中で、青少年が読書を楽しむことのできる環境をつくらねばなりません。学校現場で勉強と読書がしっかりと連携されるように、国のレベルで積極的に関心を持ってほしいものです。

千錠漢：今回、修士論文を書く過程で、出版産業を全体的に再考する機会を持つことができました。書籍文化生態系は、究極的にコンテンツ文化の拡散と発展に関わっており、本を読んで消費して共有していく読者が中心になるべきだと考えています。

趙眞碩：国の競争力と書籍文化生態系の未来ですが、個人の幸福度は国家競争力の根源です。幸せな人生のための必要十分な条件に、書籍文化があることを望んでいます。

李龍勲：生態系の中にそれぞれが存在するのであり、私ひとりで生きているのではなく、一緒に生きていくプランを、みんなで模索する過程が必要でしょう。この座談会が、書籍文化生態系のビジョンづくりに役立ったら幸いです。

司会：今日は出版、書店、図書館、学会の専門家の皆さまに、貴重な意見をいただきました。本を媒介につながっているので、今すぐに解決案は出ませんが、これをスタートにして「模索と対案」についての論議を深めて、問題解決の方向を探り、書籍文化生態系の発展に寄与したいと願っております。

第 1 章　書籍文化生態系をめぐって

韓国の出版物の流通ルート
まだ大きい「直接取引ルート」

＜主な流通ルート＞

　出版物流通において中心的な機能を果たすのは、日本の場合は取次（卸売業者）であるが、韓国ではいささか事情が異なっている。

　オンライン書店ルートの飛躍的な発展で、既存の街の書店が存続の危機に瀕しているのは、日本と同じ状況と言える。

（1）出版社→書店→読者（直接取引ルート）

（2）出版社→卸売業者→書店→読者（通常ルート）

（3）出版社→オンライン書店→読者（オンライン書店ルート）

（4）出版社→読者（直接販売）

（5）出版社→ディスカウントショップ（DS）→読者（DS ルート）

　書籍流通チャネルにおいて、出版社－卸売業者（流通会社）－書店を経て読者へと渡る割合は約 30％で、出版社－書店－読者への直接ルートの割合は 50％に近いと言われている。これらの卸売業者は「総販」で扱う雑誌や教科書、学習参考書、辞典、全集などの類以外に、文学、人文、経済・経営書、専門書などの単行本類を取り扱っている。代表的な書籍流通会社としては、BOOXEN（ブックセン）、松仁書籍、韓国出版協同組合、ブックプラスなどがあったが、2017 年 1 月、業界 No.2 の松仁書籍が倒産し、業界に激震が走った。

◇ 出版流通用語は、日本と類似しているが、実情は違うことがあるので留意する。	
委託	図書の所有権利と管理責任を取引契約者に委任し、返品条件付きで一定期間販売する販売方法。
任置	委託に類似しているが、図書の所有権利は出版社が持ち、取引先は管理責任だけを持つ。
納品	取引先が特殊な目的から個人あるいは団体に図書を販売するために、出版社との協議により図書を供給する制度。出版社は委託価格から通常 5％程度安く出荷する。取引先はおおよそ 1 か月以内に代金を支払う。
買切り	積極的な販売を図るため、取引先が図書を一定部数以上買い取る制度。原則的に返品はできない。卸売書店の委託価格よりも通常 10％安く出荷する。
現金販売	定期的な取引先でない相手と一時的あるいは時限的に取引をする場合、代金を現金で支払ってもらい図書の所有権利と管理責任を相手方に任せる（例：テキスト関連図書、会社納品など）。原則的に返品はできない。

第2章

書籍文化生態系の模索と対案 ②
書籍文化生態系の視点から

本章の内容

『出版ジャーナル』500号の最初の座談会「出版文化生態系の現在と未来」に続き、2回目のタイトルを「出版文化生態系のイシュー（課題）と展望」と定め、専門家の方々をお招きし、ご意見を拝聴する機会をつくりました。

2017年1月2日に、韓国業界第2位の出版取次「松仁書籍」の不渡り問題が起こり、出版界に大きなショックを与えました。

この事態の原因とともに、出版産業界と消費者との間に、図書定価制をめぐるさまざまな意見があり、また、文化界のブラックリスト作成、正宗図書選定方式の問題、出版文化産業振興5か年計画に関すること、そして現在の出版環境に対応する新たなビジネスモデルの登場など、出版界関係者にとって積極的に解決すべき事態が目前に迫ってきています。

この座談会では、それらの問題を主たる論議の対象に取り上げました。

■　第 2 章　書籍文化生態系の視点から

第 1 節

2017 年の出版界を概観する
──新たなビジネスモデルの登場──

金貞明（以下、司会）：2017 年は、私たちの社会と出版界で多くの出来事がありました。今回の座談会を通じて、それらの争点を整理し、意味を考えてみる機会にしたいと思います。最初に、自己紹介を兼ねて、参加者の皆さん方の専門分野でのイシュー（課題）* 注1 についてお話しください。

　まず、出版の現場で活躍されているハンビット・ビズ編輯理事の李弘さんにお願いいたします。

李　弘：2017 年 3 月からハンビット・ビズで編輯理事を務めております。実務に戻る直前、2017 年 1 月 2 日、出版取次の松仁書籍が不渡りを出す事態になり、ハンビット・ビズも相当な打撃を受けることになりました。

・座談会参加者
企画・編集・校正：鄭潤熙／『出版ジャーナル』代表・編集長
コメンテーター：夫吉萬／韓国出版学会顧問、韓国文化財委員会委員
コーディネーター：金貞明／新丘大学メディアコンテンツ科兼任教授

参加者：李　弘／ハンビット・ビズ編輯理事
　　　　李種馥／ハンギル書籍代表、韓国書店組合連合会
　　　　白源根／本と社会研究所代表
　　　　金明淑／ナムパルチョンソ代表

大きな出版社であれ、小さな出版社であれ、全体的に利益構造の脆い出版界にとっては、手形が紙切れになってしまいましたから、大きな打撃でした。出版の最も重要な部分は生産と流通のインフラですが、この出版流通構造が不完全な状態だったので、1年を通じて、この問題で騒がしかったように思います。

　そして、こうした部分に対する解決は、明確な突破口や対案がなく、一時的に取り繕う形で幕になり、この宿題の解決は翌年に持ち越されました。2018年は大韓出版文化協会も、韓国出版人会議でも代表者が交代しました。書店やインフラの隘路解決の難しさと共に、リーダーが交代したので、その政策的な反映や、新しい政府に対する期待感があったように思われます。

　出版界の課題は、どの年でも、同じように持ち越してきたようですね。うまくいっている出版社は順調に、うまくいかない出版社は相変わらず厳しいですね。そして出版社によって、今後の課題は異なるのではないか、私はそのように考えています。

白源根：李弘さんは、出版界の「企画の神様」みたいな方です（笑）。

李　弘：とんでもないです。そうなりたいとは思っていますが……（笑）。

写真2-1　「書籍文化生態系の現状と未来」をめぐる座談会風景

＊注1　イシュー（issue）とは「課題、話題、問題、論争点」などと訳され、「本質的な論点・課題」という意味がある。与えられた課題・論点に対してその解決を徹底するという意味合いから、産業の構造転換による「課題の検討」に焦点が移ってきている。

■ 第2章 書籍文化生態系の視点から

白源根：私は「本と社会研究所」の代表を務めております。出版界にとって、2017年は全体的に厳しい年でした。私も同様に困難な1年だったように思います。

金明淑：私は出版社ナムパルチョンソ代表で、『出版ジャーナル』の諮問委員も務めております。私は、2009年に個人出版社を始め、今日に至っていますが、2017年は松仁書籍の不渡りで、本当に厳しい1年を送りました。韓国の出版界が必ず克服すべき3点、すなわち、「手形取引、自社出版物の買い占めによる販売ランキングの操作、平台スペースの買い占めによる大手出版社の横暴な販売」が無くなることを望みながら、仕事に励んでいます。

李種馥：私はハンキル書籍の代表を務めています。書店で社会活動を始めたので、最後まで書店員として働きたいと思っております。書店員として24年、本と関わり始めて34年になります。書店を開く前には、出版社と取次で仕事をしていました。セガン音楽出版社ではマーケティングを担当したこともあります。現在は、韓国書店組合連合会の流通対策委員長を務めております。

夫吉萬：1980年以後、会員制の書店、読書運動団体、出版社、編集長などを17年間務め、本と関連した仕事をしてきました。1997年から20年間、大学で出版編集関連の講義を担当し、2017年に定年退職を迎えました。現在、文化財委員会委員を務めております。私は、今も出版人、書店人の皆さんは同志だと思っております。

　最近では、出版の概念を本の制作に中心を置くのではなく、書籍文化生態系（出版文化生態系）という広場に拡張しなければならないでしょうね。本の製作に直接参加する出版人、編集者、デザイナー、印刷関係者だけでなく、著者、書店、図書館、読書運動団体関係者、出版関連の研究者、さらに政策担当者、読者などを含めて大きなフレームに広げなければならないと考えています。

鄭潤熙：『出版ジャーナル』の代表者をしております。書籍と雑誌を発行する業界にいて「書籍文化（出版文化）生態系の好循環のための条件とは何か」を探求してきました。紙の本を中心とする伝統的な出版産業では、出版業は製造

業であり、出版物を製作し、流通して、消費者に販売する典型的なパイプライン構造でした。

　しかし、IT が登場して、スマートフォンが普及する中で、出版産業の形が大きく変わりました。出版産業も自然の生態系のように、かなり複雑になり、それに伴いビジネスの生態系の面から、出版も生態学的な理論で接近する必要があるのではないでしょうか。

「図書定価制」について

　「出版文化振興法」には「図書定価制」に関する規定が設けられている。その主要内容は次のとおりである。

　① 定価の 15% 以内での価格割引とあらゆる経済的利益を、自由に調合し提供できるものとする。ただし、図書それ自体の割引率は定価の 10% 以内とする。

　② 実用図書と学習参考書（初等学校用）に図書定価制を適用する（これまでは適用外だった）。

　③ 図書館が購入する刊行物についても図書定価制を適用する。

　④ 旧刊図書（発行から 18 か月が経過した図書）に対しても、図書定価制を適用する。ただし、市場状況の変動への積極的対応、図書の効率的な在庫管理、合理的な価格策定に伴う消費者利益を増進させるため、刊行日から 18 か月が経過した図書については、出版社が適正な手続きによって定価の変更をすることができるものとし、変更後にこれを表示して販売することができる。

　⑤ 行政規制基本法第 8 条により 2014 年 1 月 1 日を基準とし、今後 3 年ごとに、図書定価制の適用範囲と割引率について妥当性を検討し、改善などの措置をする。

（舘野晳）

第2節

出版文化生態系の当面の課題
──出版ジャーナル社のアンケート調査──

司会：『出版ジャーナル』では、「500号」記念の特集と合わせて、読者の皆さんに「2017年の出版文化生態系の課題」について、アンケート調査を行ったそうですが、どのようなものが挙げられたのか、紹介してください。

鄭潤熙：『出版ジャーナル』の購読者は、図書館、出版社従事者、書店員が多くを占めています。

　最も多く提起された問題点は、松仁書籍の不渡り問題でした。図書定価制、新古書店、特色ある書店の拡大など、流通関連の争点も数多く集まりました。ソウル国際図書展、「韓国地域出版雑誌連帯」のスタートも挙げられました。出版のトレンドと関連して、フェミニズム関連図書の成長と政治社会の書籍が、例年よりもクローズアップされたとの意見も寄せられました。そして、私たちの社会の最も大きな争点として、大統領選挙を選んだ方もいました。

白源根：私が座談会のために準備したものと、ほとんど同じですね。人々の考えに、大きな違いはないようです。

司会：白源根さんが選ばれたものについて、お話しください。

白源根：書店組合連合会主催で、11月11日を「書店の日」と定め、書籍文化の発展を推進したことも意味があったと思います[注2]。

　創批など出版社のプラットフォームが開始されましたが、出版ビジネスの新

たなモデルをつくろうとする事例として、注目する必要があります。創批、熊津ブッククラブ、民音社のオンライン小説プラットフォームのブリッジ、ウィズダムハウスがつくったジョストンなどがあります。本を買わない、本を読まないと言われますが、大きく見ると、産業的な面から、遅れていた部分を挽回するための試みのように思われます。そうした努力は、相対的に見れば、読者の目線、時代の変化に遅れていたということではないでしょうか。

　出版のトレンドからは、第4次産業革命[注3]関連の図書、実体のない幽霊のような第4次産業革命に関連して、唯一、特需を享受したのが出版界でした。本のタイトルに「第4次産業革命」を付けると、基本部数は売れる現象が見られました。トレンドも、私たちの社会に極めて密着しているように思われます。それ以前は、理想的な論議が中心でしたが、目線を合わせたり、現実に提起されている論点と関連したテーマでなければ売れない傾向が現れるようになり、あらゆる書籍が次第に実用書化されていると感じられます。

夫吉萬：出版のトレンドと関連して、書店で私が興味をひかれる分野が、文章の書き方、読書、やさしく読める人文学書などです。こうした本は、出版と教育に直結したものですね。これらの書籍が一貫して刊行されているのは、教育人口が伸びていて、社会全般の文化水準が上がってきたからでしょう。

　しかし、今、話した内容は、大学や中学・高校には当てはまりません。中学・高校と大学では、読書と文章の書き方教育が、十分に行われるべきですが、現実は正反対なのです。見方によっては、教育が果たせないことを出版によって克服しようとしているのではないでしょうか。

　また、地域出版分野にも関心があります。2017年5月、地域図書展が初めて開催されました。こうした地域図書展は時代精神の一つの反映と思われます。地域問題を強調しなければ、韓国が生き永らえていくことは難しいでしょう。現在、韓国の国家競争力が限界点に達しているようですが、これを克服す

＊注2　韓国の「書店の日」は、「冊」の字を本棚に並んだ"本の形"に見立て11月11日である。白源根氏が提唱し、書店連合会が取り上げ、これが広まった。ちなみに、日本の書店新風会も、同様の発想から11月1日を「本の日」と定め、「読書推進運動を活性化させる」ために尽力している。

＊注3　第4次産業革命とは、18世紀末以降の水力や蒸気機関の活用である第1次産業革命、20世紀初頭の分業に基づく電力を用いた大量生産である第2次産業革命、1970年代初頭からの電子工学や情報技術を用いたオートメーション化である第3次産業革命に続く、ITを活用した飛躍的な技術革新を指す。

るために地域問題を重視することを強調したいですね。

李種馥：書店側の立場から見ると、まず、書店数が次第に減少していることです。書店一つオープンするには、多くの資金を投下しなければなりません。ソウルで50坪くらいの規模の書店を開くには3億ウォン近く費用がかかります。こうしたこともあって書店が消えつつあります。その理由は、いくつかあるでしょうが、供給率（掛け率）の問題も一定部分を占めています。競争力というのは、書店が個別的に解決できない部分もあるのです。

　もう一つは、クレジットカードの手数料問題です。付加価値が高い業種のような場合は、売上高基準で見ると、2億5000～3億ウォンが大きな比重を占めることもありますが、小売業で見ると、70％が買い入れ費用としてかかる状態で、2億5000～3億ウォンで、クレジットカード手数料を数パーセントを支払うことが、大きく響かないことはありません。

　次に、書店認証制です。これは図書館に納品するために、他業種の参入を防ぐために書店組合連合会が「書店として認証する」ものです。公認された機関で行うのが適当だろうと思うのですが、さしあたり、書店組合連合会が書店認証制を推進するのが順当だと思います。将来は、拡大して公認された機関で安定的に運営したらどうでしょうか。

　第3は、トレンディ書店です。それについては、少し産業的に見る観点と、出版文化の観点から見る差異を知ることでしょうね。なぜならば、産業的に見るなら文化産業も関係はありません。そちら側から見ると、歓迎すべきことなのです。しかし、出版流通の面から見れば、トレンディ書店が役割を果たすことができるのか。性急に答えは出せないように思われます。長い目で見守る必要があるのではないでしょうか。とかく言論界は刺激的と受けとめて、トレンディ書店が回答であるかのように言っているのではないかと思います。

　最後に、最低賃金問題が書店の現場では悩みのタネです。こうした問題も書店業界における課題になっているのです。

夫吉萬：最低賃金制問題で、書店はどのような悩みがあるのでしょうか。

李種馥：書店業界の従事者は、最低賃金に準じる給与をもらっています。最低

賃金が上がれば給与も上がることになり、社会保険料も引き上げられるなど、間接費用が増加するため、書店経営の立場では負担になるのです。

李　弘：李種馥さんが話された、書店の課題に付け加えたいと思います。出版社の立場からは、書店規模については、さほど関心はありません。お話にもありましたが、特化された専門書店の出現や、今日的な変化を拒むということではありません。否定的に話す理由はないのですが、実質的にそうした書店が出版産業の構造を変えていくとは考えていません。必要な挑戦として可能性を肯定的に受け入れるだけです。

　細部に踏み込むと、本を供給したり、管理する問題は、決して小さな問題ではありません。そして、李種馥さんが言われたように、文化価値的な側面から肯定的に見るのと、産業的な側面から、そのような書店が推進力になり得るかという問題は、判断が異なります。そのほかにも、たとえば専門書店でなくても、教保文庫が支店を増やしていますが、そうすることで、本の供給を大いに伸ばしてくれるわけではないでしょう。

　地域に根を下ろした地域書店と中堅書店のような場合には、書店を運営する経営者の哲学から特性に合った本が陳列される事例になります。しかし、教保文庫の支店が10か所、20か所と増えても、教保文庫中心の本の配置や露出の拡張にとどまり、全体的な拡張には至らないため、出版界の立場からは、書店の変化に大きく期待する面は薄いでしょうね。

　以前はインフラが広がり、一定部分、本の露出が増えれば、売上げの拡大につながりましたが、現在は話題にならなければ、露出を増やしたとしても本は売れるものではありません。だから出版社では書店営業のマンパワーや投入費用を大きく減らそうとしています。代わりにコンテンツ・マーケティングや他の部分を差別化した本を話題化させ、露出する部分を選り分けています。これが出版社内部に抱える最も大きな課題と考えられます。

　どうすれば、書店に頼らず、出版社が書店から独立していけるだろうかということが、出版マーケティングにおいて、とても重要な課題でした。書店を信じられないということではなく、実際に、書店市場が現在、出版の生産物に応じきれないことが、あまりにも自明な事実であるため、出版社が生き残るために本の露出戦略と発行部数の競走に明け暮れています。

司会：出版社が自社のプラットフォームの運営を始めるのは、どのような意味があるのでしょうか？

李　弘：白源根さんが出版社のプラットフォームのことを話されましたね。出版界がもう一つの突破口としてビジネスモデルの多様化を追求するのでしょう。以前は、新しいビジネスモデルを模索していましたが、プラットフォームへの進出という形で具体化されたのでしょう。もちろんこれは、ほとんどの出版社にとっては、遠い話にすぎないかもしれませんが、出版社がこれに具体的に参加して、成果を上げるようになれば、どうしても他社も参加するようになる、そんな動きが広まっていくのではないしょうか。

　そうした面から民音社、ウィズダムハウス、創批などがプラットフォームに進出し、事業化したことに意味があると思います。これまでは話だけでしたから、今後は肯定的な結果が得られるだろうと思います。そうなると、出版社がコンテンツを持ち、ビジネスモデルを変えようという意志が、より具体化されるのではないでしょうか。外部にも見える課題がありますが、こうして出版内部から提起された課題を見るにつけ、営業チャネルを変えようとする部分に対する弾力性に、来年は弾みがつくと思います。

夫吉萬：多様な販売ルートを開発して、「書店に対する依存度を減らそう」ということですね。昔は出版社が本を販売しようとすると、書店販売は効果的ではないので訪問販売をしていました。今は、本は主に書店で売っていますね。ところで、話題中心の本づくりになると、偏った書籍だけが出版され、出版の多様化は難しくなるので、この点に関してはいかがでしょうか。

李　弘：基本的には残念な話ですが、出版各社が出版文化の多様性について、真剣に考えねばならないように思われます。そして、実質的にそうした責任を出版社が負わねばならないと考えるよりは、まず自社の生き残り戦略が喫緊の課題であるため、自社の本がたくさん売れれば多様性だと考え、自社の本が売れなければ、なぜ多様性が失われたのかと考えるのでしょう。

夫吉萬：個人出版社のように小さな出版社は、大手出版社のように、マーケ

ティング費用を負担できないため、書店の占める売り上げがだんだん減っています。

李　弘：出版産業の構造的な側面から、他の産業に比べて出版社の規模を離れて、「本」という要素で競争ができる長所があります。個人が小さな自動車会社を設立して、大手の自動車会社と競争することはできません。しかし、出版の場合は個人出版社でも、その出版社の本を1冊だけ取り上げてみると、本を供給する力とか、本を露出する力量では、とても大手の出版社にかないませんが、大手の出版社の本と内容面では競争できる余地があります。

　そして、書籍自体が持つコンテンツの価値や、その本の課題性に集中しています。優れた著者が小規模出版社だから、原稿を提供しないということはありません。そして、読者の出版社へのこだわりは、とても強いじゃないですか。文学などいくつかのジャンルがありますが、ある特定のジャンルの場合には、本が優れたもので、著者が良ければ、出版社の規模に関係なく購入してもらえる余地があり、書籍自体が持つ競争力はありますが、出版産業の構造は、そのようにスムーズに変わってはいかないでしょう。

夫吉萬：大手出版社も流行の話題を追い、小規模出版社も後追いする。同じようなテーマを追いかける傾向がありますね。このような状況で、果たして、「韓国全体の出版文化はどうなるのか」という問題になりますね。

司会：文化の面から見るのか、産業の面から見るのか。アングルによって出版界の課題が異なってくるようですね。出版社のこうした立場について、書店側ではどのようにお考えでしょうか。

李種馥：私は、李弘さんのお話を伺いながら、お話がたいへんお上手だと思いました（笑）。私も最近、個人的な話をするのが良いのか、書店の全体的な立場を語るのが良いのか、悩む場合があります。私個人としては、書店も競争力を失えば淘汰されるのは必然だと思っています。書店組合の立場からすると、話しにくいのですが、李弘さんが的確に話されましたね。

第 3 節

松仁書籍の不渡りの衝撃
―― 流通構造の先進化は、いつなのか？――

司会：問題点をさらに深めてみたいと思います。2017 年早々、降って湧いたように松仁書籍の不渡り事件 *注4 が、出版界に最も大きな問題になりました。出版社と書店の立場としての展望はいかがでしょうか？

李種馥：松仁書籍不渡りを見ると、これと似た事件が数十年前から、繰り返し起きていますね。「牛を失って牛小屋を直す（泥棒を捕らえて縄をなう）」ということわざがありますが、これまで、松仁書籍のような不渡り事件が数多くありましたが、牛小屋を直さないことが大きな問題なのです。今回も、牛小屋を直さずにいましたね。失われた牛は探し出すことができても、見つけた後は、分け前をどうするのか、こんな問題に頭を悩ませています。

　まずは、牛小屋を直さなければいけないのですが、失った牛は、もう帰って来ないのです。ところが、私たちの業界では同じ事件が繰り返されています。こうしたトラブルを処理するマニュアルがありませんね。これが最も大きな問題だと思います。

司会：牛小屋を直すには、どうすべきでしょうか？

＊注4　2017 年 1 月 2 日、韓国業界 2 位の出版取次が不渡りを出した事件のこと。文化体育観光部は、松仁書籍の不渡り事件に対し、次のような支援を行っている。「被害を受けた中小出版社に対する製作費用（原稿料・編集費用・デザイン料等）の拠出を通じた出版活動の継続支援（20 億ウォン）」「文化体育観光部及び国立世宗図書館の所管機関や韓国コンテンツ振興院等の傘下団体と連携した、被害を受けた出版社からの図書の積極的購入／兵営読書活性化事業や韓国書籍の海外普及事業に用いる図書の被害を受けた出版社からの優先的購入（10 億ウォン）」など。

李種馥：今回、現れた問題がありますね。手形問題、本の在庫の問題などいろいろあるのですが、それには流通上の根本的な問題を解決しなければならないと思います。書店から、まず、正確な販売データと在庫のデータが公開されて然るべきでしょう。

　ところが、そのデータ公開をためらう理由があるのですが、その理由に歩み寄るよりは、強圧的に処理しようとします。また、今回の「手形問題」を厳密に見ると、書店とひと言で言いますが、企業型書店であると考えます。取次側の問題でもあるでしょう。地域の中小の書店、書店組合連合会に属する書店は、一般的に言われるこうした問題はありません。地域書店の問題は本が売れないことで、決済だとか、手形関連の問題はありません。

　市中の書店が支払う手形は、たとえ「文房具手形」といわれる融通手形[注5]と言えども、事前決済の形で支払いが行われる手形であり、販売分に対する支払手形ではありません。ところが、通常、出版社のいう手形は、販売分に対するもので、手形を受け取った時に、それが融通手形であると、お手上げということですね。この問題は、多くは大型書店と大手取次で行われています。それで、こうした問題は区分する必要があります。

司会：地域の書店での決済は、どのようにするのでしょう？

李種馥：大型書店の15日決済といえば、末日までの販売分に対して決済しますが、それで販売分が決済されるのですが、手形を出してはダメですね。この問題を出版社がいまだに容認しているということです。だから、こうした問題から取り上げて解決していけば、不渡りが出ても事前決済したものは問題になりません。ところが、販売分に対して不渡りを出すから、問題になるのでしょう。この問題について、出版社の意志がなくてはならないと思います。

司会：出版社にいらっしゃる李弘さんはいかがですか？

李　弘：松仁書籍事件は二つの側面から見ることができます。まず、読者が本

---

*注5　融通手形とは、決済を必要とする現実の商取引がないにもかかわらず、振り出される手形のこと。

を読まないから書店や取次が不渡りを出したのではなく、当然ですが経営的な問題があるためですね。私は、いかなる会社でも、不渡りが出るのは外部的な要因もあるでしょうが、経営上の問題、経営者の道徳的な問題があると考えています。まともに事業をせず、変にしみったれたやり方が入り込むから、経営にも影響するのでしょう。

　私は、もっと大きな問題は、大手出版社が積み重ねてきた悪しき慣行が、取次の不渡りに影響したと考えています。基本的に書店と出版社の委託取引がもたらしているアンバランスな状態を、あまりにも長い間、松仁書籍のような大手取次と大手出版社が受け入れてきました。実際には本を売らない状態で、会計上、出版社は売上げを見積もり、その売上げを現実化するために、売れない本なのに無理に事前決済を求める。また、そうした事前決済を要求する力を使って、出版社が持つベストセラーや、よく売れる本を悪用して資金繰りをしてきました。こうした問題が長きに渡って積もってきたということでしょう。

司会：李種馥さんから、「牛小屋を直さない……」というご指摘がありましたが、いかがでしょうか？

李　弘：李種馥さんがご指摘されたように、「牛小屋を直さないまま解決しようとする」こと、私はこの部分が問題の核心であると考えています。松仁書籍をインターパークが引き継いで、再生させたとしても、こうした慣行がこれからなくなるだろうか、そうはならないと思います。

　根本的に市場における需要と供給の不一致とか、いろいろな市場状況から難しいこともありますが、今後、果たして、このような委託取引の慣行が継続されねばならない理由があるかという点まで、探ってみる必要がありますね。ところが、委託取引に触れようとすると、出版社と書店の双方から非難されますね。委託取引をやめるとすれば、代案は何でしょうか？

　それに対する代案を整理して、お話すれば良いのですが、代案というものも、また、別の問題を抱えています。いずれにせよ、この問題の主な原因は、松仁書籍に過度な物量が入って行ったことです。その次に、売れない本への事前決済があり、資金繰りに行き詰まったため、委託取引の発展的な解決策や、関係する諸問題なども、きちんと解決しなければならないと思います。

李種馥：私は松仁書籍問題について考える時、地震の兆候が現れるように、松仁書籍も数か月前から、兆候がはっきりと現れていたと思います。近いものでは、直近の数日、1か月、追加需要の注文分とか、こうした流れだけを見ても十分に感知することができたのに、こうした兆候に、出版社はあまりにも疎かったようですね。

　出版社は、第4次産業革命に関連する本をたくさんつくっていますが、正直なところ、データ分析も薄弱で、時代遅れの方法を今も踏襲していることが問題の核心だろうと思います。

李　弘：李種馥さんのお話のとおり、出版社はデータ分析をしませんね。

李種馥：今後は、出版社も書店もデータ分析が重要だと考えています。

夫吉萬：委託をせずに、直取引をする出版社もあるようですね。

鄭潤熙：出版ジャーナル社では、雑誌を2種類と単行本も出していますが、委託をしないで、書店と直取引を行っています。

　取次との委託取引、手形取引よりは安定的なので、直接取引をしています。大型書店、オンライン書店、地域の書店と直取引することで、本の販売分をすぐに現金で受け取ることができます。また、昔からの慣行の手形取引、「文房具手形」なる融通手形を利用することの危険負担も防ぐことができます。

　しかし、問題は私たちのような小さな出版社が、1000を超える書店と直取引することは、現実的にはとても難しいことです。本の生産、流通、消費者に届くプロセスの中で、停滞し、流れが止まったら、政策的に開通させる必要がありますが、こうした政策もまだこれからですね。

　李種馥さんも言われたように、取次の不渡り事件は初めて起きたことでもなく、第4次産業革命の時代に、時代遅れな流通網をいまだに持っていることも、「出版文化生態系」が、いかに立ち後れているかを端的に示してくれる事例になると思います。そして、取次というシステムが、果たして合理的なものなのかを真剣に考えてみる必要があります。

■ 第2章　書籍文化生態系の視点から

李　弘：今回の松仁書籍不渡りによって、直取引をする出版社がありますが、それほど多くはありません。

白源根：松仁書籍もそうですが、取次というシステムの問題ですね。出版市場の構造自体が、取次を根幹にした流通構造なんですね。しかし、大型書店とオンライン書店とは直取引を多く行っています。残りの地方の地域書店は、取次を通して取引する方式ですね。松仁書籍の問題は、経営陣の道徳的な緩みもあるでしょうが、実際、当期純益が出ているのに、それにもかかわらず、家族経営である問題とか、大手出版社中心にしていることなど、原則のない経営をしながら、責任を出版界全体に転嫁したため、問題がさらに深刻化しました。

　それで、直取引への関心が広がったのでしょう。取次の代案モデルが何かということについて、出版社も多くの関心を持っており、また、新たに生まれつつある書店を中心に、直取引を選択しているとか……。どうしても、取次が取っていたマージンを、直取引によって出版社と書店で分配できるので、直取引への関心が高まっているようですね。

　供給率（掛け率）*注6 の問題もそうですし、取次の不渡り事件を契機に流通構造のイノベーションを考えてみることも大切だと思います。データもなく、システムもなく、流通の慣行というものも、その時その時に変わるので、時代状況に合うように現代化させ、革新するべきだという要求は常にありました。

司会：この問題をどのように解決しなければならないでしょうか？

白源根：こうした問題を解決する主体は出版界だと思います。出版界が書店と協議をしながら、最も公正かつ合理的な流通構造をつくり上げようという努力が必要です。2018年の初め、出版団体のリーダーが交代したので期待していました。これを契機に今、行わなければ、また、先延ばしにされるでしょう。

　二番手の出版社や書店のように、規模が大きくないところは被害者としてとどまるしかなく、「積弊清算だ」*注7、「ブラックリスト問題だ」*注8 と話題にする

＊注6　供給率問題とは、出版流通の段階でのマージン改訂のことを意味する。
＊注7　積弊とは、長い間に積もり重なった弊害のこと。崔順実氏の国政介入と朴槿恵政権に怒った
　　　民衆は、国を二分する「弾劾裁判と大統領選」を経て文在寅政権を誕生させた。

のも、結局は、フェアなゲームではないものを無くしていこうということです。「これが国なのか」と気勢を上げる渦中に、松仁書籍が不渡りを出し、「これがいったい出版流通なのか」という声まで上がっていますね。出版と関連の無い人々も、ひどいニュースと受けとめており、業界の立場からは、とても恥ずかしくて顔向けできないことなのです。

李弘さんが言われたように、松仁書籍の不渡りと読書率とはまったく関係がないのですが、人々が本を読まず、取次が不渡りを出したことで、社会的にクローズアップされていますね。この問題を流通構造イノベーションへのシグナルと受けとめ、積極的に解析し、取り組まなければならないでしょう。インターパークが引き継いだことで終わりにしてはいけないと思います。

鄭潤熙：政府の政策と役割も重要ですが、出版団体のリーダーシップも重要なのですね。

白源根：2017年、騒がしかった供給率（掛け率）問題も積極的に解決せず、フタをしてしまいましたね。この問題を引きずったままにはできないので、きちんとした代案を出さず、うやむやに終えてしまいました。図書定価制（再販制）の問題も、大部分は社会的な協約で処理し、それに対して何もできなかったようになっていますね。もう少し積極的に出版団体や書店団体などの利益団体の機能を復元し、その役割をきちんと果たすべきだと思います。

李種馥：委託販売についてですが、委託が可能な図書と、委託が必要ない図書は区分されています。委託によって売るべき本は、競争になる本が多いということですね。その中に掛売りすれば売れる本ですね。ところが、納品中心だとか、需要が見込める本は、あえて委託する必要がありません。だから、委託取引も区分する必要があるのです。自分たちは委託をしないのだから、すべての本も委託しなくても良いという論理は正しくないと思います。

李　弘：委託という仕組みをよく見てみると、規模の大きな出版社のためのも

＊注8　ブラックリスト問題とは、朴槿恵政権が「文化芸術界ブラックリスト」を作成し、政府に批判的な人物を各種支援対象から排除することに努めた不法行為のこと。

のではありません。新たに誕生した出版社にも有利な構造です。

　新しい出版社が初めて本を供給しようとしても、委託の仕組みが無ければ書店で本を売ることができませんね。それで、おそらくこの問題に手をつけると、大手出版社が反対するのではなく、零細出版社の抵抗も見過ごせないでしょう。

　事実、こうした部分があるので、出版社を開業して、市場へ参入するハードルが低かったのですね。あるいは、今の需要と供給の不均衡問題、極端に供給が需要より多いことを解決するためには、むしろ、委託を全廃すべきだと思います。強制的に出版するなとは言えないので、そうした問題から、市場で選択されない本をつくって、委託という構造にするのを防がなくてはならないかと思います。そして、この問題は小さな出版社のために、委託制度を廃止することではないのです。

鄭潤熙：李弘さんのお話にも一理があると思います。小さな出版社も、出版点数が増えて目録が厚くなれば本の部数も増えるはずなので、その時は、どうするかということですね。

李種馥：基本の流通構造だけを変えても、問題が解決されるとは思いません。書店組合連合会を通して本を供給されても、どのみち委託だからです。販売が見込めない本を受け取って、代金を支払うことはありません。結局は、システムの中で供給者が選択すべき問題であり、「実際に問題になるのは何なのか」を探ってみる必要があります。在庫を把握できずに、追加生産する問題とか、こうした問題点を見つける方法は何か、真剣に考えなければならないと思います。委託か否か、そして、誰が供給するのかという問題ではないでしょう。

第4節

統一図書データベースの必要性
──POS システムは現状を変えられるのか──

司会：次のテーマである「統一図書データベースの必要性」に話を移していきたいと思います。

夫吉萬：書店ごとに POS システム[注9]を運用して、在庫の流れを知ることができますが……。

李種馥：書店単位の POS システムは整っていますね。率直にいうと、POS システムを使わない書店は、規模が極めて零細か、そのうち廃業するかという書店ですね。POS システムではデータの正確性が問題になります。

　私も在庫管理を 10 年近く担当しています。1 年に 2 ～ 3 回、在庫調査を必ず行います。ところが、在庫調査をしながら、思うことは何かというと、とても大変だということです。在庫調査の方法に問題があります。地域書店が、なぜできないかというと、POS システムが無くてできないのではなく、方法がとても難しいのです。在庫調査をするのに多くの費用がかかりますね。私がこの問題を提起すると、なぜ大型書店は、こうした問題提起をしないのかと言われます。大型書店は外注企業に任せていますから……。

　私が自分で、在庫調査をしながら思ったことは、バーコードの位置を標準化すべきだということですね。本の背表紙にバーコードがあれば良いという理由は、平積みが多くても、保有する本の 70 ～ 80% は書棚にあります。在庫調査

---

*注9　POS（point of sales）とは、販売時点情報管理システムと訳され、書店のレジでの売上げを個別商品単位で集計し、その集計結果に基づいて売上げや在庫を管理し分析するシステムをいう。

■ 第 2 章　書籍文化生態系の視点から

をするには、この本をすべて書棚から抜き出さなくてはなりませんが、思った
以上にたいへんです。だから背表紙のバーコードを標準化してくれれば、書店
で在庫調査をするのがとても楽になります。在庫調査が容易になり、正確な
データが得られれば、出版社の生産にも反映させることができます。これがで
きない構造なのですね。それで、在庫調査を効率的にする方法について、提案
もたくさんしましたが、最近はやめました。

司会：そうした提案をやめた理由を聞かせてください。

李種馥：果たして、これを行ってどれくらい効果があるだろうか。RFID（無線
IC タグ）*注10 も出ましたね。RFID は流通上、必要かもしれませんが、在庫調査
にはより必要ということですね。イメージ・ファイルをすぐにデータ分析し
て、在庫調査をすれば済むのです。地域の書店が、在庫調査を楽にできる方法
をつくって、POS システムが供給されるなら、出版流通システムが、もう少し
効率的に変化するだろうと思います。

白源根：先ほどの夫吉萬さんのお話は、出版社の立場から見ると、全国単位の
POS システムを整えて、出版社が供給した図書のリアルタイムの販売状況や
データを見ることができるのではないか、ということですね。

李種馥：それになぜ書店が抵抗するのかというと、自分のデータを提供するこ
とに、ためらいがあるからです。大型書店では公開していますね。
　ところが、私たちのような地域書店には、ためらう理由があります。まず、
売上げデータが露出されると、自分の決済部分に反映しなければならないから
です。また、学習誌の売上げが主流である地域書店の場合、供給率（掛け率）
が高いので、競争力のある書店は、地域圏というのがあるのですが、カルテル
を越えて、他の地域から本を買って来ます。少し安く買えますね。安く買った
本までデータが露出された場合に被る問題、この問題がとても大きいのです。

---

* 注 10　RFID（radio frequency identifier）とは、無線タグ、IC タグとも呼ばれ、非接触で電磁界や
　　　電波などを用いてデータを読み取るシステムのこと。万引き対策や在庫管理の決め手として実
　　　用化が期待されている。

それで、この問題も私が書店連合組合に話をしました。読者に、本があるのか無いのかオープンにすることは重要ですが、私たちの間で単にデータとして露出される時、数字をすべて見せる必要があるのかと。地域書店が全員参加するように誘導するなら、正確なデータを得ることができます。図書データベースを構築する時、韓国に書店が1500店舗あれば、図書データベースが1500件の情報になります。ここで書店と総販（チョパン、地域の販売拠点）別にすべてつくります。数千店が皆、各自、コストをかけて情報を作成しています。これを出版文化産業振興院かどこか1か所で図書情報をデータベース化すれば、地域書店もコストを削減することができます。そうなれば、地域書店も販売データ情報を提供するメリットがありますね。

司会：図書データベースを構築する代案は何でしょうか。

李種馥：地域書店における最も大きな問題が何かということですね。そうしたものを引き出す時、地域書店のPOSシステムを管理する会社が5、6社あるのですが、その会社が参加しなければ、ほとんど不可能です。
　ところが、その会社に参加をしてもらいたいのですが、個人情報保護法によって、収集された個人情報を保管しなければなりません。暗号化されたコードで保管しなければならないのですが、韓国のすべての書店が、暗号化されたコードを使っていないのです。使うのは教保文庫くらいでしょう。町の書店は

写真2-2　李種馥氏の経営するハンギル書籍の店内

使えないのです。それを政府レベルで、書店が各自管理しても、個人情報を保管・管理できるシステムをつくれば、POS システムの会社ではできないのですから、巻き込んでいくことができると思います。

それで、書店が顧客の名前、連絡先も収集しますね。住民番号は無くても、電話番号だけでも収集すれば、暗号化されたコードで保管しなければならないのですが、すべての書店は、電話番号や名前を、それと知って管理しているのです。これを合法化する仕組みをつくらなくてはならないと思います。

司会：今回、第 4 次出版文化産業振興 5 か年計画[注11]にも、出版流通に関する計画が入っていますね。

白源根：はい。出版流通先進化のための計画が含まれています。ところが、これは 20 年もかかる話です。

李　弘：出版流通を先進化しようとの話は、取次と書店がつぶれるたびに出る話ですね。

白源根：計画には入っているのに、推進されないことが問題ですね。実行主体のしっかりとした牽引力が必要だと思います。計画はつくっても実現しないのでは、昔、夏休みになるとつくった生活計画表と同じですね。出版人は出版文化産業振興 5 か年計画に対しても、多くの不満を抱いていますが、それでも、多くの課題が盛り込まれた計画です。うまく推進されない理由は、監視者がいないことです。計画推進に圧力をかける出版団体もありません。それで、計画だけ立てても、推進できないのでしょう。

司会：出版流通におけるデータの重要性について、数多くのご意見がありました。流通システムに関連して、持続的な研究分野などがあるようですが……。

白源根：出版文化産業振興 5 か年計画の実行力もそうですし、出版文化産業

＊注 11　第 4 次「出版文化産業振興 5 か年計画」の内容については、74 ページの鄭潤熙 氏の発言内容を参照のこと。

振興院も改革に向けて、2代目の院長が2017年12月末までを任期とすると公表されました。

　全体的に産業と関連する政策とインフラ、振興院の役割など、出版産業を率いる動力になる政策がとても重要です。なぜならば、出版産業全体を引っ張るような大手出版社が存在しません。強いて言えば、学習誌と教科書の出版社ですね。単行本の出版社、規模の小さい出版社は、率いていく力が足りませんね。

　それで、政策がその役割を果たしてくれればと思います。次の韓国出版文化産業振興院のトップには、改革的で実行力のある方が就任されればと思います。それによって、出版産業に希望が生まれるのです。これまでの出版産業の課題を見ると、従来、繰り返されてきたものばかりで、いくつかのアイテムだけ新たに登場しています。

鄭潤熙：『出版ジャーナル』が1987年に創刊された時、出版人が最も解決したかった課題が、「出版流通の先進化」でしたが、30年経った現在も、いまだに出版流通の問題を解決できずにいます。刊行物倫理委員会から昇格した出版文化産業振興院が、いろいろ事業を行っていますが、出版産業の好循環のために、政策と市場構造をつくることに集中すれば良いと思います。

　出版文化産業振興院の第3代院長は、重要な課題があり肩の荷が重いだろうと思います。2代目の院長は電子出版の専門家で、出版社勤務のご経験もあり、出版人はたいへん大きな期待を寄せました。就任された時、『出版ジャーナル』とのインタビューでも「すべての出版人に健全に生きていただきたい。誤った出版産業の構造を変化させなければならない」と抱負を述べられましたが、任期を全うすることなく退かれることになりました。

　次期院長は、出版に対する愛情のある方が基本ですね。出版産業の構造と政策を革新しようという意志があり、リーダーシップを発揮する方でなければならないと思います。

第2章　書籍文化生態系の視点から

第5節

名ばかりの図書定価制
──開かれた議論もなく、またも3年延長──

司会：松仁書籍の不渡りと出版流通の問題、そして、出版産業の推進力となる政策とリーダーシップ、2018年の課題には図書定価制[注12]も挙がりました。図書定価制は2017年11月21日から、さらに3年延長されました。

　一方、消費者は、今もなお図書定価制に不満を示しています。図書定価制関係者会議に参席された李種馥さんに、まず、お伺いしたいと思います。

李種馥：私は、図書定価制会議に書店組合連合会の立場で参席しました。その会議で次のように意見を述べました。図書定価制の目的や趣旨に合った実行方法を議論しなければならないのに、各業界が利益をどのように案分するか、利益を上げる方法に頭を痛めていました。ここに問題があるのではないでしょうか。なぜならば、図書定価制が、完全図書定価制へ向かおうと、定価制フリーへ向かおうと、読者が支払わなければならない絶対値・価格は同じです。相対的な価格がある場合、自分が高く買うという疑念を抱くものです。出版社が損をして売ることは絶対になく、流通業者も損をして売ることはありません。結局、価格は定まっているものです。

　図書定価制は、韓国の言語とハングルを「保存し、維持し、発展させるために、必要な政策」ではないだろうかと考えます。世宗大王（1446年にハングルを「訓民正音」の名で公布した李氏朝鮮第4代の国王）がつくった素晴らしい文

---

*注12　日本で言う「再販売維持制度（再販制度）」のこと。図書定価制改正法の内容は、新刊書については割引率を15％以内に制限すること。旧法では18か月未満の新刊は最大19％まで割引することができ、旧刊や実用書、参考書などは、出版社や書店が自由に割引販売することが可能で、18か月が過ぎた旧刊は再度定価を付けることができるという規定であった。

字ですが、誰かが使い、コンテンツが生産されてこそ維持されるのです。

　そうした概念ではなく、流通業者と出版業者が利益を何対何で分けるか、こんなレベルで、「譲るの、譲らないの」といった議論だったということです。私が見たところは、読者に図書定価制に対する理解を高めるのに、説得する努力が必要だったと思います。図書定価制が、なぜ必要か。単純に本の値段が上がるという問題ではなく、本の値段が多少上がっても、私たちの文字、ハングルが「果たして、維持・発展されるべきものなのか」と根本的な問題からアプローチしなければなりません。

白源根：最近の一連の流れを見ると、図書定価制について、合理的な議論をした形跡も無く、議論の内容もありませんでした。利害関係者として、出版社、オンライン書店・オフライン書店、消費者団体が議論しましたが、私は利害関係者の核心は、これだけではないと思います。ここから抜け落ちているグループがたくさんあります。図書館も議論の主体であるべきです。単に市民団体といっても、読者が参加する市民団体もあります。読書団体もあります。協定による契約方式で行うのは定価制ではないですね。図書定価制は法律なんです。法改正の問題ですね。

　ある人たちは、「3年日没制（3年間の時限制）」と言いますが、それは誤った表現です。再検討するようにとの規定があるだけで、法改正をすれば、廃止されることもあり、完全定価制に向かうこともあります。文化体育観光部が、公開討論を一度も行わなかったことが問題でしょうね。どんな形であれ、公開討論会を行うべきでした。そして、3年が過ぎ、「図書定価制を導入して、結果はどうだったのか」など、なんの研究結果もありません。「出版社が増えたのか」「書店は増えたのか減ったのか」「本の定価に対して販売はどのように変わったのか」など、数字で評価すべきなのに何もありませんね。つまり、文化体育観光部に、その気が無いということでしょう。

　私は、完全図書定価制を行わなければ、出版の未来はないと思います。零細会社には、市場構造の下では厳しい状況です。特に、今、図書定価制は、読者に、「おまけする」制度だと思います。15%まで値下げしているものは、本の価格の15%、バブルをつくり出している源泉だと思います。

李種馥：個人的には、完全定価制に向かうべきだと思います。ところが、利害関係者同士で解消できない葛藤があるとすれば、消費者は疑念を抱き、引き続き割引販売を望みます。今、完全定価制にするなら、価格のバブルが残っていないのかを検証すべきです。

　それならば、代案として、完全定価制を施行する日を決めておいて、それ以前に発行されたすべての本は、15％割引にしよう。代わりに、施行日の翌日からは、完全図書定価制にしよう。その過程で生じる問題は、業界で解決すれば良いのです。消費者が疑う本の価格のバブルの問題は、消費者が望むならば、標準原価を算出する根拠を用意して、消費者が参加できる窓口をつくってはどうかと思います。

司会：出版社の立場からは、図書定価制をどのようにお考えですか？

李　弘：図書定価制の話をすると、批判されるのです。出版界では、図書定価制を語れば善で、図書定価制の廃止といえば悪の類になる雰囲気があります。経済学原論的な指摘をすると、価格政策はマーケティングでは、たいへん重要な部分なんですね。どんな構造であれ、価格政策を講ずることができないのでは、話になりません。それで、教科書的には、生産者が原価を保てる範囲といえば、その中で価格の弾力性を保つことが必要です。

　ところが、ここに介入するのは何かというと、「本という物を価格で仕切ると、不完全な出版流通構造では、市場が修羅場になる」ということがあります。何よりも本が持つべき企画と生産の多様性の面から見ると、価格を競争の中心に置くと、いわゆる公正な競争が難しくなるということです。

　出版側、書店側ともに難しい問題に直面し、それが健全な図書文化を損なうようになり、読者にも好ましくない結果をもたらすでしょう。こうした部分に同意するので、私のように価格政策に弾力的運用を主張する者も、政策として図書定価制に賛成したのです。

鄭潤熙：図書定価制を行っていますが、厳しく見る人もいますね。

李　弘：私は、出版界が、果たして図書定価制を正当と言える行動をとってい

るだろうかと思います。図書定価制になれば、すべてのものが、すぐに決まると言われますが、世の中に一つでもすぐに決まるものがあるでしょうか？

　今日も出版社は、図書定価制を避ける「グッズ」や、多様な割引制度に頭を悩ましているのが現実です。建て前だけは図書定価制にしておいて、実は逃げ切るための方法ばかり考えていることから、真の意味での図書定価制ではないと言えますね。そのような部分について、現実的に価格の弾力性を持たせなければ、解決できない多くの問題があります。

　そして、実質的に消費者の立場でもそうですね。図書定価制ではないのに、図書定価制というから、さらに、おかしなことになるのです。現在、15％割引が可能です。これでは図書定価制とは言えません。割引しているのに図書定価制という名前を付けているから、消費者の立場では、心理的な抵抗感が生まれるのでしょう。割引がまったく無くなるように思うのです。割引しているのに、「割引してくれない」と悪口を言われるありさまですからね。

　こうした現状を誰がつくったのか。李種馥さんが言われたように、定価制を真剣に考えたというよりは、書店は書店なりに、出版社は出版社なりに、パイを分け合う利益のことだけでアプローチするから、こうした問題が発生するようになったのです。だから図書定価制を潰そうと頭を悩ませているのが出版社の現実だとするなら、廃止するべきです。それならば、「以前のように、旧刊の割引を許可する」とか、そうでないならば、「本当にその名のとおり完全図書定価制にする」とか、あるいは、これは「現実には合わないから撤廃する」とかしなければいけないと思います。

　ところが、曖昧な妥協、定価制ではないのに定価制という名前を付けておいて、3年後に再論議することにしましたが、誰もそれについての責任を負おうとしないのです。こうしたことが、市場にネガティブなメッセージばかり投げかけるんですね。実際、どんな制度であれ、出版社と書店だけが利害当事者ではありませんね。一番の利害当事者は読者なのです。読者を、品質においても、価格においても、満足させることができない。果たして、「誰のために行う制度なのか」と問いかけると、悩みが増えるでしょう。

司会：図書定価制については、書店業界と出版業界、利害当事者の間で議論が深められていないと思います。次に流通イノベーションについて、白源根さ

ん、お願いいたします。

白源根：まったく議論されていませんね。結局、リーダーシップの問題です。

　ドイツの場合、出版と書店が一体なんですね。ドイツは、たいへん科学的で、合理的なシステムを創出し、出版と流通は世界最高と言われています。協業構造を備え、読者と政治家を説得する力を持っています。こうしたことが読者から信頼を得るのでしょう。信頼を通じた本の生態系全般に、ポジティブに機能しています。

　韓国では、これまで、文化体育観光部もいろいろな利害関係にとらわれていますね。経済当局に気を遣い、消費者の顔色をうかがい、一方では出版界と書店業界の話を聞かねばなりませんね。

　ところが、文化哲学という精神がないため、現実的な定価制であるとか、出版界も定価制を行うのか行わないのか、真摯な議論が不足するのでしょう。そして、業界団体は、名目上では完全定価制と言いますが、本気ではありません。名前や見せかけの図書定価制を行いつつ、消費者を欺いているのです。実際、割引ありきで15％のバブル価格をつけていますね。変な言い方ですが、これが現実なんですね。

鄭潤熙：李弘さんがお話しされたマーケティングの価格政策の面でも、図書定価制に対して、出版社は多様な立場にあるようです。図書定価制推進の目的は、法律にもありますが、過度な価格競争を防ぎ、小さな出版社と書店の活性化を図るためですね。そして、すべての書籍の割引率を15％以内（現金割引10％、マイレージなどの間接割引5％）に制限しています。しかし、一方では、完全図書定価制が韓国の書籍文化（出版文化）生態系をよみがえらせる絶対的な代案ではないと見ています。ある制度を実行する前には、多様なシミュレーションが必要ですが、図書定価制の推進には、こうしたプロセスが不足していたようですね。

第6節
「ブラックリスト」と出版業界
―― 政策実名制、透明性の強化を ――

司会：出版文化産業振興院でも諸外国の政策を研究していますが、研究するだけで、現場に実際に適用するプロセスが不足していたようです。国の予算で研究しても研究だけで終わってしまい、業界では各社、利益だけのために活動しています。そして、2017 年には、出版界のブラックリスト（朴槿恵政権が作成した政府に批判的な文化人の名簿）がホットな課題として浮上しました。

李　弘：私は、そのブラックリストから漏れたので……。それで、ひどく疎外感を味わっています。うんざりするほど仕事をしても、リストにも入れないとは……（笑）。

白源根：ブラックリストは政権レベルで作成されたものなので、政権から睨まれた人たち、そうした組織、団体に参加する人々は、支援対象から排除されました。これは出版だけの問題ではありませんでした。

　出版と関連して、出版社と関連ができたり、著者や団体と結び付いたり、これは犯罪行為で、結局はどうやって無くすかということですね。もうこれ以上、こんなことはなくなるでしょう。けれども、透明にできなかったために、起きたことだと思います。相当な部分、密室でつくり上げられた後で、最終審理に上がったところで、「誰かがリストに入ったかどうか」という問題ではありません。そうなら、理由は明確にされるべきです。審査の評価も最終結果だけ出て、中間の透明化の過程について公開されなかった。そうしたことが定着しないと、これからは声を上げることができませんね。

李　弘：政権の陰険な目的に沿ったことは、どんなに代案を準備しても、対策を議論しても無駄ですね。

白源根：根絶はできないと考えるべきでしょう。それから、ホワイトリストもあり得ますね。

夫吉萬：国民が監督できることを示すしかないですね。善意に頼ることはできませんね。私も、韓国の民主主義が、これほど後退するとは想像もつきませんでした。常に国民が、監視していなければなりませんね。

李　弘：いつか、おかしな政権ができたとすると、その時は、もっと陰険に、さらに徹底して、ブラックリストをつくることができますね。なぜなら、一度、バレましたから。反対する人たちが、あってはならないことと騒ぎ立てても、結局、権力が耳を傾けることはないでしょう。

　私が懸念することは何かというと、民主化時代を経験したのに、こんなことがどうして起きるのだろうかということですが、起きてしまいました。政権が変わると言いながら、気に入らない政権ができたその時に、悪行がバレてしまったわけです。バカみたいな話ですね。

夫吉萬：結局、透明性というのは、手続きの透明性なんですね。その次に、政策実名制を実施すべきであると強調したいと思います。誰が提案したのか、審査委員は誰かなど。審査委員は名誉を重んじるので、思い通りにできないということですね。審査規定をつくった人たちが誰であるか、明らかにすれば、責任を負わなければならないので、審査規定も公正に客観的につくるでしょう。こうした手続きの透明性と、政策実名制が達成できなければ、こうした問題が引き続き起きるのは、当たり前です。

白源根：今回のブラックリスト、被害を受けた出版社が補償請求をしました。ところが、それによって、政策の実行と関連して、損害補償請求をすることで、違法性が明らかになると、責任を負わなければなりません。実務者の立場からは、上から命令されたといっても、おざなりにできないことになりますね。

李　弘：ブラックリストによって、「公正にできなかった問題を提起する」こともありますが、考えてみると、出版界が抱えてきた癒着も断たなければならないと思います。

　私がブラックリストに上がれば、不当で反民主的なことであり、意図的に反則するために、政権側とコネをつけ、癒着してきたことも明白だということですね。それは、民主的で公正だったか。そうではないですね。私が、利益を受ければ公正なことで、不利益を受ければ不公正だと考えるのは、とても恥ずかしいことだと思います。出版団体や上層部が、知らず知らず、出版の功績や、出版界の事業によって癒着し、個人的な利益を得ていた部分がたくさんあります。

　そして、出版界が、ブラックリストに上がっただけでなく、そうした行為を認識せず、内密に行うこともやめるべきです。

鄭潤煕：政権レベルから、ブラックリストも無くさなければなりませんが、出版界内部でも自浄努力が必要だと思います。

白源根：一つ付け加えると、ブラックリスト問題の本質は、不公正な支援の排除ですね。政権は正しく民間業界を支援すべきで、また、そのために政策的な努力をしてくれればと思います。それとは反対に、公共機関の商業出版タイプというか、EBS（韓国教育放送公社）と修能（大学修学能力試験。大学入試で行われる全国共通の一次試験）が連携した出題とか、軍隊の禁書目録問題など、何か、今の時代状況には合わない政府の圧力があると思います。

　こうしたことが、相変わらず横行しています。いま一度、みんなで立ち向かってはみたけれど、無くすことができず、積もり重なって「書籍生態系（出版生態系）」全体を抑圧しているのに改められない。この際、多年にわたる「積弊」をなくさねばなりません。ところで、今はあまりにもブラックリストにとらわれていると思います。ブラックリストの源泉は、世宗図書 *注13 でしょう。世宗図書自体が大きな問題だと思います。21世紀の韓国にだけある制度です。

＊注 13　世宗図書とは、出版産業振興と読書文化向上を目的とし、学会や団体の推薦を受けた専門家や読書コラムニストによって選定された図書のことで、この図書は、出版文化産業振興院が、各タイトルごとに税金で購入し、購入された図書は、公共図書館や情報から遠い地域の学校図書館などに配布される。

■ 第2章　書籍文化生態系の視点から

　公共図書館など図書館は、本を購入する予算がないところに、図書定価制が強化され、図書購入予算が目減りする状況ですが、蔵書購入費を増やし、「政府が買い上げて図書館に図書を配布する」という世宗図書制度は廃止すべきだと思います。世宗図書に選ばれても、"優秀図書"ということではないので、司書が本を選べるルールをつくるべきですね。

李　弘：国が、出版社の本を優秀図書と選定して、お金を与える制度は、ひどく予算を抑えて使うものですね。私も出版社に所属していますので、選定して本を買ってくれるなら、気分は悪くはありませんね。けれども正直にいうと、とてもおかしなことです。なぜ、国が、どんな基準で特定の本を"優秀図書"と選定して、お金をくれるのか、果たして、これが可能な構造なのか？

　見方によっては、出版文化産業振興院が予算を使う良い方法ですね。そうすると、チンチュン文庫（将兵の教養増進のため国防部が配布する図書）もそうですね。選定過程で、本当に個人的な部分が介入しないのかということですね。知らないうちに介入する構造が、いくらでもあり得るのだと思います。

　経営が困難な出版社を支援するという意味はありますが、白源根さんの意見のように、それなら、図書館の利用を促進するとか、その図書を市場に供給する方法が他にあるということですね。出版社に個別に、500万ウォン、1000万ウォンとわずかな金をばら撒いて、"優秀図書"と名付けるのは、国の予算の賢明な使い道なのではないでしょうか。

白源根：結局、そうして選定された本が図書館に入ることになります。

鄭潤熙：世宗図書の問題は、選定されない出版社の疎外感も大きいですね。たとえば、ある出版社は、「世宗図書に10点選定された」とフェイスブックで自慢しています。また、ある出版社は、「1点も入らなかった」と不満を漏らしています。10点選定されたなら、1点につき1000万ウォンくれるので、1億ウォンですね。特に、2017年は松仁書籍の不渡りで、融通手形を受け取ったある出版社は、「世宗図書に1点も入らなかった」と、愚痴をこぼしていましたよ。

　これも国民の税金なのに、一方に偏っている問題、選定図書によって出版内

部の葛藤が起きる可能性があります。結局、世宗図書は、出版社にお金を出して、本は図書館に贈るものですが、出版社を支援するための根本的な問題は、世宗図書ではなく、出版市場の構造のイノベーションではないでしょうか。

李　弘：ある方が、フェイスブックに文章をアップしました。チンチュン文庫に知り合いがいて、ドキドキしながら選定されたそうです。著者は、とても喜んでアップしたのですが、これは不公正なことなのに、著者にはそういう感覚がないんですね。

白源根：本当に選ぶべき本がない場合もあります。予算があるのに使わなければならないので選ぶのです。

夫吉萬：では、なぜ、そんなことをするのか。国が文化の分野に予算を使わないから、そうなんですね。図書館に１億ウォン、出版社に1000万ウォン出す方式にすれば、予算を抑えられます。

　図書館に予算を十分与えて、蔵書をたくさん備えられるようにすれば、本も多様になり、その地域ごとの特性に合わせて本を購入できるでしょう。これは結局、国のジェスチャーなのでしょう。

　また、世宗図書に入るために、出版社は力を使います。これは、出版の多様性を育むことにはならず、反対に多様性を奪うことになるのです。

白源根：世宗図書制度も政府がつくりたくてつくったものではなく、出版界が要求してつくった制度ですね。優秀学術図書から始まり、優秀教養図書、優秀文学図書が生まれ、その３つを合わせて、「偉大なる世宗図書」ができたいきさつがあります。何はともあれ、図書館のインフラを拡充するためにつくった、大統領直属の図書館情報政策委員会が、この５年間、改善案を一度も大統領に報告できなかったんです。

　2019年には、図書館情報政策委員会委員長が、大統領に報告できるような、図書館のインフラを整備する機会になればと思います。

　一方では、「図書館が充実すれば、書店がダメになる」という話もありますが、私はそうは思いません。インフラが整備されて、本を読む人が増えれば、

その人たちが自分のお金で、書店で本を買うことになるでしょう。現在、公共図書館の司書も 18％程度しか配置されておらず、図書館の予算は 3 年前と比べて 27％、本の購入冊数が 3 分の 1 程度に減っています。

このように、書籍文化（出版文化）のインフラは、とても劣悪な状況にあります。人々が本を買わないことも一つの要因でしょうが、制度的な面から見ると、未整備なために出版市場が悪化する状態が生まれているようですね。

図書定価制に関する法律の施行令と施行規則

図書定価制を規定した「出版文化振興法」が 2014 年 11 月 21 日に施行された後に、施行令と施行規則が定められた。要点は次のとおりである。

① 刊行物の定価変更の手続きを定めている。発行から 18 か月が経過した図書については、図書定価制を適用し、定価の変更をして販売することができる、とされたので、その手続きを規定している。

② これまで図書定価制の適用除外になっていた刊行物のうち、今後、適用されることになった刊行物を示している。販売（購買）先は、国、地方自治体、公共団体の図書室・資料室、軍部隊、教導所、保護施設など。

③ 中古刊行物の概念を明確化した。これまでの「最終消費者に販売された刊行物であって、再び販売する中古刊行物」から、「最終消費者が再販売目的ではない読書、学習などの目的で購買したり、寄贈された刊行物であって、再び販売する中古刊行物」と規定された。

中古刊行物には、これまで図書定価制が適用されない点を悪用し、販売不振の新刊書を中古卸売り商、中古書店を通じて中古書として流通させることもあったので、これを遮断するために、中古書の定義を明らかにした。

法律には施行後 3 年目に規定内容を見直す規定が設けられていた。2017 年 11 月がその 3 年目に該当していたが、特に内容面での見直し事項はないとされ、改正（削除・追加など）はなく先送りになった。

（舘野晢）

第7節

誰も知らない「出版政策」
―― 出版文化産業振興5か年計画 ――

司会：第3次出版産業5か年計画の施行率が41％程度でした。優秀図書選定普及支援、優秀電子コンテンツ確保、翻訳支援、出版専門人材養成、ここまでは、実行されたと発表されました。

白源根：私は第4次5か年計画まで関与しているのですが、第4次5か年計画を発表してから、何もせずに1年が経過しました。ブラックリストのせいだと言いますが、それは口実ですね。来年には何があるでしょうか？
　出版文化産業振興院のR&D（研究開発）機能を強化するとのことでしたが、何も進められていません。結局、業界から5か年計画がうまく進むように、強く引っ張っていくことが必要でしょうね。

鄭潤熙：出版文化産業振興院が進めるブック・コンサートなど、そういうものは全部やめて、本当に為すべきことだけを行うべきだと思います。出版文化産業振興院の役割が、とても重要な時期になっています。

夫吉萬：出版文化産業振興院は刊行物倫理委員会から昇格した組織なので、組織構成員がやるべきことがなくてはと、事業を多様化にしたのですね。

白源根：出版文化産業振興院の組織も、本来の趣旨とは異なり変質していますね。

夫吉萬：出版政策に携わるものを、文化体育観光部だけに集中してはダメだと思います。著者グループ、流通グループ、出版グループなどが、政府の予算中枢に行って、パイを増やしてこそビジョンがあります。パイはたいへん小さいのに、組織が生き残るには仕事をつくらなければならないから、コンサートも、出版アカデミーもと、いろいろな事業を始めたのでしょう。そうして見ると、手段と目的がずれていますね。

　出版文化産業振興院が文化体育観光部の傘下になっていますが、出版振興の問題は、国の文化政策という大きなフレームで見るべきです。単純に、出版・製作という狭いフレームだけでは、大きな絵を描くことはできません。

　現在、韓国に若い人材が、どれほどいるでしょうか。出版文化産業振興院や政府が行うべきことは、人を育てること、研究機能を果たすことでしょう。その次に、出版社がお金をかけてできないこと、流通システムをつくるとか、海外に広報するとか、いろいろとすべきことをしないといけないでしょう。

司会：出版文化産業振興院は、インフラを構築するために集中すべきなのに、予算を使うことに集中していると思います。

鄭潤熙：2018年から推進している、出版文化産業振興5か年計画の主要骨子は、以下のとおりです。

　第1は、出版流通先進化システムの構築です。今の出版流通システムでは、図書販売量の分析ができないので、システムを整え、統合的かつ体系的なシステムを導入するというもので、出版流通情報センターを設立するということです。

　第2は、出版財団基金を拡充して、投資を活性化するという内容です。

　第3は、出版に親和的な法制度に改善し、出版研究センターを設立するというものです。

　第4は、出版コンテンツの多重活用・活性化と中堅出版社を育成するという内容です。

　第5は、出版「韓流」の支援です。

　今回の計画も、計画だけで終わらないように、政府の意志と予算の支援が必要であり、出版団体も5か年計画が忠実に実行されるように、関心を持って

見守るべきだと思います。

李　弘：出版振興５か年計画にこれまで参与された白源根さんには、たいへん申し訳ないのですが、これは、うまく推進できないだろうと考えております。

　なぜなら、出版の現場にいる人間で、この内容が何か、知る人はいません。大袈裟にいうと、出版社に勤める 10 人に、第４次出版振興５か年計画とは何かと問いかければ、10 人全員が「わからない」と答えるでしょう。基本的に、その産業に属している人々が、何のことだかわからない計画と政策が、まともに実行されることはないでしょう。苦労してつくられた方々の問題ではなく、まさしくリーダーシップの問題だと思います。

　私は、出版団体と出版文化産業振興院は、廃止すべきだと思います。いわゆる社長中心の利益団体になってしまいました。百年の大計のため、出版文化のためというよりは、自分の分け前と関係があるか無いかの問題でしょう。そして、出版団体が社長の利益を中心に活動するのは、本当にダメだと思います。

司会：李弘さんは、出版文化産業振興院と出版団体は廃止すべきだとおっしゃいましたが、その理由が気になります。

李　弘：出版文化産業振興院は、なぜ、そのように無駄に予算を使うのかというと、まず、予算的なパフォーマンスを見せなければ、次の予算査定で疎んじられるからです。アイデアは無いのに予算は使わなくてはならないから使うのです。だから出版社に、端金をばら撒く方式が広がっているのでしょう。

　そして、第４次出版振興５か年計画が、どんな内容であるかもわからないまま、「その政策が実行されるのか、されないのか」を考えるのではなく、計画を実行する主体を、もう一度、立ち上げなければなりません。

　出版文化産業振興院の改革は、当然のことですね。出版団体も革新して、真の出版界の発展を図る組織になるべきだと思います。私も出版人会議の理事として参加してみましたが、大韓出版文化協会であれ、出版人会議であれ、口ばかりで実行力がありません。実務を進める人材を補強しようと言うと、予算が無いと言うのですね。出版界に優秀な人材が入り、仕事ができるようにしなければならないと思います。

夫吉萬：大韓出版文化協会が改革すると、新しい執行部ができて、政策機能を強化するため、組織を補強しました。

李　弘：政策や研究のため、そのつど雇用する形ではなく、彼らの持続的な生活を保障するべきなのです。新しい執行部を否定するということではありません。そうしたことを実質的に示してこそ、信頼性が伝わります。今のところ、よくわかりません。

白源根：歴代出版団体トップのレベルより、優れて計画的な気質をもとに、支持基盤を整えているようです。期待することにしましょう。

司会：団体全体の意見を集約して発表しているのか、執行部の意見なのか、少し気になるところもありますね。

李　弘：会議に数回、行ってみたのですが、良いアイデアを出すのはたいへんなことなのです。また実務をできる人が少ないので、アイデアが出るとそれを実行となるのでしょう。

李種馥：私も李弘さんのお話に共感を覚えます。2017 年には供給率（掛け率）の引上げの課題がありましたね。
　私の考えでは、出版社と書店の間のコミュニケーションが不足していたと思います。それで、2 月に創批が供給率の引上げを試みた時、私が書店連合組合を訪ねました。その時だけをとってみても、雰囲気がしっくりといきませんでしたが、5 月に大手の出版社文学トンネの供給率引上げの問題があり、また、訪ねました。すると、私を見て、「推進しろ」と言うのです（笑）。そして私が流通対策委員長を引き受けました。

夫吉萬：それが、革新を阻む最も大きな理由ですね。人々が革新的な考えをしないそうですね。自分がやらないといけないからね。

司会：本当に業界の問題を解決するのは難しいですね。

第7節 誰も知らない「出版政策」

李　弘：出版界が実務担当者を育てるべきだと思います。そして、社長たちは長い経験があるので、アイデアを果敢に出して、事務方は、うまく切り盛りして、アイデアが実現するようにしないといけませんね。

夫吉萬：私は、出版が教育に関わるべきだと考えています。今、関与できる制度的な仕組みがあります。今のところ、自由学期制（従来の授業とは違い自由に学ばせる制度）を試行する中学校では、悩みが多いんですね。自由学期制の試みを6か月から1年に延長するそうですね。出版社が本に対する認識を高めることができる機会ですね。私の地域、京畿道広州で行われていますが、中学校が大学に頼んで、教授たちが学校現場に行って、特別講義を行っています。出版界は自由学期制を活用して、読書教育を積極的に行うべきだと思います。

白源根：ソウルの東崇洞（鐘路区）にあるイウム書房は、インターン制度を運営しています。ボランティアが200名を越えます。書籍生態系（出版生態系）拡張の面から考えてみると、本というものは、時間が余ってお金がある時に見られる媒体ではありません。感情を移入させなければならないんですね。人々が行き交い、大いに編集されていく生態系がつくられればと思います。読書の両極化を解決する模索が必要になってくるでしょう。

写真2-3　会員制で運営されているイウム書店の外観と店内

第8節

出版文化生態系から展望する
——優れた企画力と個性的な出版への期待——

司会：出版文化生態系の変化の特徴と2018年の展望について、どのようにお考えでしょうか？

白源根：私たちはネガティブなニュースに敏感ですね。志向すべきは、希望的な方向へ努力することだと思います。

　地方自治体で、本の生態系に関心が高まっていることは、とても良い事例ですね。代表的なものは、京畿道で地域書店出版支援センターをつくり、文化体育観光部よりも、多くの予算を支援していますね。2018年には、さらに拡大させるそうです。済州島では、韓国で初めて、地域出版条例をつくることになりました。順天市では、地域の20代の若者に、市の予算で図書購入費の50％を支援する制度を設けました。このように自治体の役割が本と関連して、注目された年でした。すでに、政策範囲も政府だけでなく、地方自治体にも拡大されており、むしろ、市民に密接な政策を展開できるという点から、希望が持てると思います。

　トレンディ書店の流れは、かなり以前からありますね。個人出版社を見ると、構造的に生まれるものを見ることができます。出版社で働いて、40代になると退職して、個人出版社を創業するプロセスが、自然に生まれていますね。最近、書店を始められた皆さんも、こうした事例が参考になると思います。

　かなり人生の大きな部分を諦めた人々が、別の希望を探して書店を開くということですね。書店でお金を稼ぐというよりは、やりがいを感じ、本が大好きで、その手段として書店を始めるのです。これが地域とつながり、読書のため

の空間として、書店や図書館ではなく、本によって人生を楽しむ橋渡し役としての書籍文化、こうしたものができているようです。少し前にオープンした麻浦図書館に行ってみたら、図書館に演奏室が設けられていました。図書館の概念を変えるものですね。

今年、年収 7000 万ウォン以下の勤労者の図書購入費・公演費支出に対する税務上の控除率が、15% から 30% に引上げられました。とにかく、こうした部分も肯定的なシグナルになるかもしれません。

夫吉萬：白源根さんのお話を補足すると、人々は、大体、出版や書店についてよく理解していません。主に、ニュースを通して知る程度でしょう。ところが、ニュースを見れば、ダメな人たちばかりが浮き彫りにされますね。だから、出版界にどんな現象が見られるかというと、若い人材が出版界に入るのを躊躇するようになっています。マスコミは、出版界のうまくいっている事例を紹介してくれればと思います。

そして、教育が問題だと思います。本や文化、人文学というものを荒廃させる方向に進んでいますね。今となっては、出版から教育に関心を向ける必要がありますね。また、EBS の参考書・教材発行問題も、なぜ、出版団体が黙っているのか理解できません。

2017 年に「地域出版物図書展」が済州市で開催されましが、2018 年 9 月には水原で「地域出版物図書展」が開催されます。読者が、スマートフォンばかり見て、本を読まないというのではなく、積極的に読書運動を展開していくことで、書籍文化（出版文化）生態系を発展させるべきです。読書運動が進めば、こうした生態系の発展の可能性は大きいと思います。

李種馥：書店界から見ると、本の情報資産としての価値は、かなり色褪せて、もはや感性的なアプローチが必要ではないのかと思うほどになりました。そんな中から、先ほど、トレンディ書店の話が出ましたが、そうした部分があるのなら、書店連合会でも真剣に考えるべきだと思います。今までは、感情的に受け入れることが容易ではありませんでしたが、これからは、容認の方向も考えていくべきでしょうね。

今後の展望についてお話しするなら、書店は普通、売り出しのサイクルが決

まっています。もともと今年は、難しい時期です。教育課程の改編などによって、来年には希望を持てること、そして、来年にはチャンスになればと思います。公共図書館や公共機関へ行くと、これまでは、地域書店について真剣に考えた痕跡がまったくありませんでした。自分の意思であれ、他人の意思であれ、最近は、一定部分に関心を持っており、私たちと協力する人々が増えているという点で、希望を持つことができるように思います。

李　弘：紙の本という媒体（メディア）が持つ絶対性は緩んでいくようですね。やむを得ない変化だと思います。結局、知識と情報は、提供者の側面よりは、それを受け入れ、活用する側を中心に流れていくしかない。そういう面で、書物は生産者中心の一方的な構造だったのですね。著者が書き、出版社が紙という媒体に収めて出版する、生産者中心の構造でしたが、現代では、知識と情報は、使用者中心へと流れています。

　書物の競争力が弱まったのは、退屈で面白くないからではなく、度を過ぎた生産者中心に閉じこもっていたからでしょう。この部分は、再び「紙の本媒体が活性化できるか、できないか」を超えて、本が克服すべき課題だと思います。

　そして、書籍文化（出版文化）生態系の変化の要因というならば、これまでは、供給者、生産者中心の生態系だったとすれば、現在は、使用者中心の生態系に移行しつつあることを認めなければなりません。ここでは、使用者は読者なのです。そして、読者が中心となる書籍文化（出版文化）生態系が活性化するように、真剣に考えなければならないでしょう。

　図書館についてもお話がありましたが、最近では、自発的に有料の読書会が活発に開かれています。利害当事者の出版社と書店に任せた生態系の変化より消費者が自ら生態系の中心であるという意識が生まれると、より速く、生態系が健全に変化するのだろうと思います。

　全般的に媒体の変化、主体の変化において、徐々に変化が見られ、来年は、さらに加速する年になると思います。そうした側面から出版社は、紙の媒体に閉じこもったビジネスから脱出しようと努力するようになるでしょう。

　書店というインフラは、もう少し透明性を高めていく契機とするために努力するでしょう。政府の政策的な側面や、出版団体が改革と変化のための宣言をしたので、来年はそのような透明性がよみがえるでしょう。

第8節　出版文化生態系から展望する

　全般的に、病巣は取り除いたけれど、以前のように、なぜ救い難い、どうしようもないと、ネガティブな見方だけにはとどまらないだろうと思います。

白源根：希望がある方向へ、新成長エンジンをつくったら良いと思います。出版社の多くは零細なので、互いに協力して知恵を絞らなくてはならないでしょう。今年、注目されたブックキュレーション、連結性、新たな発見などについての問題提起がありましたが、これは、つくられた本を、読者にどうやって見せて、つなげていくかという問題でした。出版の面から見ると、真に良い本がつくられているのかという根本的な問題提起が必要です。

　体感的に、国内著書よりは翻訳書が伸びているようです。優れた著者を発見して、良いコンテンツをつくらなくてはならないと思います。李弘さんが、媒体を解体せよと言われましたが、読者が求めるものは、深みがあって、ふわっと柔らかいコンテンツなのです。デジタルコンテンツにも活用できて、スピード感があり、企画力が優れたコンテンツがあれば、出版社も利益を上げますが、出版社の社会的な役割というものが知られるようになります。

　依然として、流通問題など解決すべき点はありますが、出版界のキーワードは企画力だと思います。2018年は、韓国では「本の年」ですが、イベントよりも優れた出版企画が光り輝く年になれば幸いだと思います。

鄭潤熙：最近、読んだ本の中に、トーマス・フリードマンの『遅刻してくれて、ありがとう』[注14] という本があります。著者は、「これからは、人々の精神を満たすものが、とてつもないビッグ・ビジネスになるだろう」と述べています。この文章を読みながら、今まさに出版の時代、本の時代が到来していると思いました。

　本は、それ自体、精神の産物であり、精神に影響を及ぼす強力な媒体です。美的感覚が入る点から、本は総合芸術であると思います。こうした総合芸術においては、人々の精神を満たすコンテンツ企画が、とても重要になります。

　私たちが生きている世界は、プラットフォームという大きな囲いが存在していて、その囲いの中で、私たちはさまざまに、互いに結び付き、競争し、協力

---

* 注14　トーマス・フリードマンは、ピューリッツァー賞を3度受賞したアメリカのジャーナリスト。日本語訳は、日本経済新報社から刊行されている。

■ 第 2 章　書籍文化生態系の視点から

し合っています。書籍文化（出版文化）生態系がグローバル化のプラット
フォームに、どれくらい適応しているか、模索してみる必要がありますね。

　フリードマンの本を読むと、面白いキーワードが出てきます。それは、「黒
いゾウ（black elephant）」です。「黒いゾウ」という言葉は、2014 年にシド
ニーで開かれた世界公園会議に参加した環境保護運動家、アダム・スウェイダ
ンが紹介しました。「黒いゾウ」は、「黒い白鳥（black swan）」と「部屋のなか
のゾウ」をかけ合わせた言葉だそうです。「黒い白鳥」とは、あり得ない結果
を招く、稀有で、確率が低く、予想外の出来事を意味します。「部屋のなかの
ゾウ」とは、みんなに、はっきりと見えているけれど、誰も取り組みたくない
問題を意味しています。そして、「黒いゾウ」は、いつの日か大きな問題に
なって、「黒い白鳥」のような予測できない大きな影響を及ぼすことを、誰も
が承知していながら、解決しようとしない問題を意味するそうです。

　松仁書籍の不渡りもそうですが、出版流通の先進化がとても重要だとわかっ
ていながら、問題を解決できなかったことから、「黒いゾウ」だったと思いま
す。今からでも、書籍文化（出版文化）生態系が、「黒いゾウ」にならずに、
イノベーションの 1 年になればと思います。

夫吉萬：2017 年は、政治社会的にもたいへん重要な時期で、民主主義が回復
した年でした。そして、これからは、民主主義が生活の中へ入らねばならない
のですが、こういう時に、ディテールと方法、成果を出版が主導していかなけ
ればならないと思います。第 4 次産業革命が課題ですが、「人間とは何か」と
の問が投げかけられています。この疑問に答えられる核心の媒体として、出版
が役割を果たすべきでしょう。

司会：2017 年は、政治社会的に大きな課題があり、出版業界も影響を受けた
困難な時期でした。出版に希望を持ち、期待される方が多いようです。私は個
人的にも、出版業界の協力が強まればと願っています。

　『出版ジャーナル』に連載される「書籍文化（出版文化）生態系の模索と対
案シリーズ」に、より大きな関心をお寄せくださることを期待するものです。

第3章

書籍文化生態系の模索と対案 ③
書店営業の現状と未来

本章の内容

　『出版ジャーナル』通巻505号の特集座談会は、「書店の現在と未来」とテーマを定め実施しました。参加者は、最近、書店に関連する書籍を上梓された方々で、出版に至った契機、それぞれの立場で見た国内外の書店の現在と未来などを、縦横に語っていただきました。

　参加してくださったのは、成均館大学の近くで25年間、人文社会科学系の書店を経営し、最近、著書『本屋ふいご』を出された、ふいご書店の殷鐘福代表。"ひとり出版社"を運営しながら、ニューヨークの独立書店などを取材した記録を収めた『訪ねてきましたニューヨークの独立書店』を出版されたWhataBookの安有婷代表。そしてオランダで4人の子どもを育てながら、オランダと周辺国の書店を訪ねて書き上げた『時間を売る書店』を刊行されたミラル学校の教師、申京美さんの3人です。

　オンライン書店及び大型書店が成長し、市内の小規模書店が消えつつある現状を点検し、アメリカとヨーロッパの書店文化と、書店・出版社・読者が共に生きる道を探ってみましょう。なお、今回の座談会は「ふいご書店」のご厚意で、同店において行われました。

第3章　書店営業の現状と未来

第1節

書店をめぐるさまざまな思い

金貞明（以下、司会）：この章のテーマは「書店の現在と未来」です。最近書店に対する意見が広く提起され、多くの関心を集めています。国内の書店数を見ると、年々減少していますが、個性的な書店に対する関心は高まっています。しかし、大型のオン・オフライン書店を除く、地域書店など中小書店の経営はとても厳しい時期を迎えています。今日は書店人の立場、出版人の立場、読者の立場から書店の現状と未来についてお話を聞かせください。

殷鐘福：「ふいご書店」の代表者で、25年間書店で働いています。最近『本屋ふいご』という本を出しました。

安有婷：私は編集者として4年ほど働き、現在は個人出版社を運営しています。大学卒業後は海運会社で働いていたのですが、大学院に進学して修士号を

- 座談会参加者
企画・編集・校正：鄭潤熙／『出版ジャーナル』代表・編集長
コメンテーター：夫吉萬／韓国出版学会顧問、韓国文化財委員会委員
コーディネーター：金貞明／新丘大学メディアコンテンツ科兼任教授

参加者：殷鐘福／ふいご書店代表、『本屋ふいご』の著者
　　　　安有婷／出版社 WhataBook 代表
　　　　申京美／ミラル学校教師

第1節　書店をめぐるさまざまな思い

取得し、編集者として4年ほど働いてから、出版社を創業しました。

申京美：私はオランダで暮らしながら、4人の娘たちと共に書店と図書館に通った母親の申京美です。また江南区逸院洞にある発達障害児特別支援学校である小麦学校で障害児を教えている教師でもあります。そして何よりも終日、図書館や気に入った書店の片隅に寝そべって本を読む、道楽者のような人生を夢見る人間でもあります。

夫吉萬：書店は私の人生と深い縁があります。大学を卒業してから勤務していた貿易会社を辞め、1980年から2年間、良書協同組合で実務責任者として働きました。当時、良書組合は光化門で「良書の家」を運営していました。その後、子ども図書研究会の創立に参加し、東元大学の出版学科に移り、20年間籍を置きましたが、現在は引退し、文化財委員会で出版史の専門委員として委託の仕事で、忙しく暮らしています。

鄭潤熙：私は『出版ジャーナル』の代表エディターで発行人です。書籍文化生態系について関心を持ち、研究しています。書店は出版社で生産した本と、消費者である読者が出会う空間であり、書籍文化生態系で非常に重要な役割を果たしています。毛細血管のような地域の中小書店の危機的状況を見ながら、書店との共生プランについて考えており、このたび書店に関する本を上梓された著者の

写真3-1　本を楽しむ子どもたち。「書店」はどのように変わるのだろうか

方々をお招きして、貴重なお話を聞く機会をつくりました。書店人、出版人、読者が語る、三者三様の書店に関するお話をじっくり伺いたいと思っています。

司会：私は新丘大学メディアコンテンツ科の兼任教授として学生を教えています。韓国出版学会の総務理事としても活動しており、地域出版と地域書店について関心を持って研究しています。今日は、書店文化の現在と未来を語ってくださる素晴らしい方々をお招きできたので、とてもうれしく思っています。

　まず、「ふいご書店」を運営されている殷鐘福代表、書籍『本屋ふいご』を刊行された経緯についてお話しください。

殷鐘福：出版の動機は３つあります。第１は以前よりも落ち込んでいる「ふいご」の商いのためです。この本を読んで、普段「ふいご」に来店しない方々も、来てくださったらいいなと思っています。また「ふいご」だけでなく、街の小さな書店をたくさん利用してくださるようにと、そんな期待を持っています。

　第２は、「ふいご」が組織している協同組合のメンバーが、１か所に集まる機会をつくろうという意図からです。会員には成均館大学の学生のほかに、「ふいご」によく来店してくださる方々がいます。私は理事長として協同組合を運営しながら、全体集会をあまり開くことができず、組合員の意見を聞く機会が少ないことに、申し訳ない気持ちを持っていました。しかし、この本を出したので、協同組合の組合員の方々を招待し、ささやかな打ち上げ会を開くことができたので、心にわだかまっていたものが氷解しました。

　第３は、ひとりの書店人として「記録」という側面で本を出したかったのです。書店を運営する方は多いのですが、書店人が語る本はあまり多くはありません。私は「ふいご」を運営しながら本と共に生きてきたので、１年間かけて、書店を運営する中で忘れられない話の数々を書いてきました。コラム「月間小さな本」という紙面で発表してきたのです。検索サイトの大手であるネイバーにも連載し、反応は上々でした。私は文章を書くと、来店する方々にプリントして差し上げています。ある学生からは「恐怖のA4」という別名もつけられました（笑）。

　絶対に読まなければならないという、負担のようなものを感じるのかもしれません。書店に来る方々に配った私の文章が消え去るのは残念な気がして、本

の形にすれば長く記録として残せると思いました。書店経営者、出版関係者、書店に関心と興味を持つ人たちがこの本を読めば、今後の図書出版政策にも反映されるのではないかと希望を持ち、出版しようと決めたのです。

司会：殷鐘福さんは、どんな経緯で「ふいご書店」で働くようになったのですか？

殷鐘福：「ふいご書店」の開店は1985年です。今年で33年目になります。私は1993年4月1日から、「ふいご」で働き始めました。今も飽きることなく25年間書店の運営を担当しています。私は4代目の運営担当ですが、以前の運営担当者はすべて2～3年で代わっています。私も10年程度働けばと思っていたのですが、気づいてみれば、もう25年目を迎えました。

その昔、私は「ふいご」で本を買い求める読者でした。そこで本を買う消費者が、運営を担当するようになったのです。1984年に大学に入学した私は、酒を飲み、文章を書き、学生運動をする平凡な青春を送りました。大学在学中は文学同好会に属し、小説を書き、詩も書いていました。詩を書かないと、1週間食事も摂らずに飢えたりして、少し変わり者でしたね（笑）。

大学の卒業が迫り、周囲が大企業に就職願書を出す頃になっても、私は一度も願書を出しませんでした。私が大学にいる頃は、大部分が大企業指向でした。同期生らは私に就職しろと願書を持ってきてくれたりしましたが、私は関心を持ちませんでした。そして「ふいご」が私の最初の職場となりました。

写真3-2　「ふいご書店」店長の殷鐘福さん（左は著書『本屋ふいご』）

第3章　書店営業の現状と未来

司会：殷鐘福さんの望みどおり『本屋ふいご』を多くの方々が読んで、韓国の図書出版政策が良い方向へ向かうといいですね。次は読者の立場で『時間を売る書店』を書かれた申京美さん、本を出されたきっかけを教えてください。

申京美：この本を出したのは、ある出版社の社長の勧めでした。必ずしも本として出版されなくても、私と子どもの思い出と暮らしが詰まった軌跡を残したかったのです。それが動機になり、出版することになったのです。私のように考える方々がかなりいるのではないかと思っています。単純で些細な動機ですが、実際に本を出そうと決めると、事態は大きく具体的になっていきました。生きていると、意味のあることが多々あるものですね。

　この国の書店文化と書籍文化が良くなるのを望むという、大きくて意図的な目標を持って始めたものの、私はただ平凡な母親で読者にすぎません。けれども、基本的には本に対する愛情があり、読書をしている時間が好きで「子どもたちが生きていく世界がもう少し意味のある素敵な世界である」ことを望んでいるという夢を持っています。

司会：ペンネームの「ネッタルランド」には、どんな意味があるのですか？

申京美：2010年に主人の留学で、子どもたちを連れてオランダに行くことになりました。オランダに行った当時、子どもは娘3人でしたが、オランダで娘をもう1人産み、母として4人の娘たちに何か遺産のようなものを残して

写真3-2　歴史と文化を感じさせるオランダの書店（左は申京美さんの著書『時間を売る書店』）

おきたい気持ちになりました。ちょうど4人目を産んでからは、子どもたちを連れてオランダをはじめ、近隣諸国の書店、図書館、博物館などを巡り、ブログとブランチというSNSにその旅の紀行文の投稿を始めました。ペンネームは、オランダ（ネーデルランド）と娘（ネッタル）の二つにかけてつくりました。4人の娘と共に暮らす美しい世界という意味があります。

　紀行文を書くことは、母としてだけでなく、ひとりの人間としての存在感を持つ機会になり、癒しにもなりました。私が本好きだからか、自然に本がある空間を訪れるようになり、住んでいたオランダだけでなく、ベルギー、フランス、ドイツ、イギリス、ポルトガルなどの書店と図書館を見て歩きました。

　今回の本は書店だけにフォーカスしていますが、次は図書館についての本を出す予定です。私は娘たちと書店巡礼をする中で、子どもたちに「本の中に道がある」とは言いませんでした。書店を巡り、本がある場所に連れて行くだけでも、子どもたちにはとても大きな経験だと思ったからです。

　私がオランダ暮らしをしながら、現地の書店に通って感じたのは、本についての歴史と文化を余すことなく詰め込んでいる書店は、本だけを売るのではなく、「文化」を売り、「時間」を売っていました。長い歴史を持つ書店も、最近は厳しい状況を迎えていますが、彼らには「独自の生存方法と共生方法」がありました。そして、心が少し切なくなる各書店の話を伺い感じながら、本が私たちに与える本質的な問いを追求し、自分なりに訪れた書店のことを多くの人々に知らせたいと思ったのです。

　韓国でも書店に対する関心が高まっていると聞きました。個性派書店や独立書店も増えていますし、書店を運営する方々と読者の参考になれば幸いと思っています。

司会：このたび本になった『時間を売る書店』は、「第3回ブランチブックプロジェクト」で銀賞を受賞するほど人気の高いコンテンツです。ヨーロッパの書店文化を知るための絶好の一冊だと思います。

　次に、出版社「WhataBook」を運営し、最近『訪ねてきましたニューヨークの独立書店』を出された安有婷さんにお願いします。

安有婷：私は最初から本を書こうと思ってアメリカに行ったわけではありませ

第3章　書店営業の現状と未来

ん。ただ2017年の夏に、出版専門誌「パブリシャズウィークリー（Publishers Weekly）」のニューヨーク本社で1か月間仕事をする機会に恵まれました。私は2004年に大学に入学しました。近い世代の人たちは、会社に縛られない人生を送りたいと思う人が多いようです。私の個人的なキーワードも「独立」でした。

　ニューヨークの通りを歩きながら、偶然、小さな書店を見つけました、とても良い店でした。ニューヨークは韓国より賃貸料がはるかに高いのにと思いながら、その小さな書店に足を踏み入れました。お客さんが途切れず出入りし、本もよく売れているのです。狭い店内で30分ほど様子を見ていたのですが、10人ものお客が本を買っていかれました。「ここはどうやって書店を運営しているのか」「このくらいなら生き残っていけるだろうか」と思いながら、私はその時に、厳しい環境でも独立書店が生き残っている秘訣を知りたくなりました。そこで、ニューヨークの19か所の独立書店と4つの大型書店を巡ってみました。そして書店を訪ねながら勇気をもらいました。得意な分野で強みを打ち出すならば「独りでも勝算はある」と考えたのです。それで、ニューヨークの書店についての記録を残さなければと思い、書き始めました。

　そしてそれなりの理由もありました。現在、街の書店はどんどん減っています。「ふいご」のように生き残っている書店もありますが、多くはとても苦しい経営です。近頃の流行りなのか、3、4年前からは特色のある書店が増えているようですが、出版社に勤めた身なので、独立書店の苦労がよくわかります。そこで、独立書店を始めた人々を、少しでもサポートしたいと思うようになりました。

写真3-4　個性豊かな書店に魅せられて（左は安有婷さんの著書『ニューヨークの独立書店』）

第1節　書店をめぐるさまざまな思い

　ニューヨークという都市環境の中で、生き残った独立書店の生存ノウハウ、特有の秘訣、それらを提供しながら、少しでも韓国で書店を運営する方々の力になりたい、応援したいという気持ちになったのです。

司会：安有婷さんは、どういう経緯で個人出版社を創業されたのですか？

安有婷：私は大学で経営学を学び、海運会社に2年半ほど勤めて辞表を出しました。大企業に通うのもいいですが、「ひとりでも生き残れるということを試してみたい」気持ちが強かったのです。私のやり方で食べていけるということを見せることで、同世代を応援したいという気持ちもありました。

夫吉萬：安有婷さんが「私のやり方で食べていける」という考えになったのはいつごろのことですか？

安有婷：出版社で働き始めてから1、2年後にそんな考えになったのだと思います。勤めを辞め現実逃避をしてから27歳で大学院修士課程に進学し、29歳までそこに籍を置くのですが、私しかできないこと、少しでも得意なこと、そんな対象をずっと探していました。

　少し恥ずかしいのですが、それまでは自分の適性とか、自分がしたいことを一度も考えたことがなかったのです。

　大学も合格したから入学し、卒業後も合格したから大企業に就職しました。そうして就職したらそこが終着点だと思っていたのに、そこがまた出発点だったのです。大企業に勤めているからといって、「一生食べていけるのだろうか」と、とても怖かったのです。大企業を辞める時、友人からは、「辞める勇気がうらやましい」とか「かっこいい」と言われましたが、私にとっては、大企業に勤めることのほうがより大きな勇気が必要でした。10年、20年後にどうなるかもわからず、ただ年を重ねて40代50代になるのが嫌だったからです。

　大きな組織にいれば、そうなるしかありません。大企業という安定的な組織に入るのも良いかもしれませんが、結局は、どうしようもなくて、それしかすることがないから勤めなければならない、そんな未来がとても怖かったので、退職願を出し、修士課程に通いながら、自分がひとりでも食べていける専門的

91

な何かを探さなければと考えました。

　29歳になって、出版社に就職しました。編集者が天職だと思うほど、とても自分に合っていました。夫吉萬さんが質問された「私のやり方で食べていける」と考え始めたのは27歳の頃からです。結局、出版社に4年勤めてから、個人出版社を創業し、それ以降は満足しながら生きています。

司会：ニューヨークの独立書店を巡って多くのものを見て、いろいろ感じられたと思いますが、韓国に帰って独立書店を開業したいとは思いませんでしたか？　出版を開業しながら書店を営む人もいますね。

安有婷：書店を開業するとずっとその空間にいなくてはならない。空間を切り盛りするのはいいのですが、いつもそこを守らなければならない、というのは自由ではないでしょう。

殷鐘福：おっしゃるとおりです。監獄ならざる監獄ですね。朝9時から夜12時まで働いて、今や墓場みたいなものです（笑）。

安有婷：書店を開業することも考えてみましたが、書店を運営し、誰か人を雇って、自分は他の仕事をするとなると、書店の本質を見失い、お客さんが幽霊みたいに思えてしまいます。それでは絶対うまくいかないし、大変だろうと思いました。

　それに、私は文章に対する欲求が強いのです。きれいに整頓された文章を見ると力が湧くのです。だから出版が大好きなのでしょう。文章をいじって、人々に必要な本、良い本を、平均よりもうまくつくりたいという思いがあるのです。編集者は天職だと思っていたので、書店と兼業することは早々に諦めました。出版は私が楽しみながら、頑張っていきたい分野なのです。

第 2 節　書店、どんな場所なのか？

第 2 節

書店、どんな場所なのか？

司会：次のテーマの「書店は私たちにとってどんな場所か」へ話を進めていきます。書店を運営する立場で、出版社の立場で、読者の立場で、書店を感じ、経験し、眺める観点は同じかもしれないし、違うかもしれません。これから書店が向かうべき点についてお聞かせください。読者である申京美さんからお願いします。

申京美：現実的な答えは、書店は本を売るところでしょう。最近の流れでは、本を売り、さまざまな文化プログラムも実施する、一つの複合文化空間とも言えるでしょうね。私が小学生時代から高校生まで通っていた行きつけの書店があります。数年前までは、書店も店主のおじさんもそのままでうれしかったのですが、オランダから帰国して行ってみたら、その書店は無くなっていて、とても空しい気持ちになりました。それから今は行く機会がありませんが、高校時代によく参考書を買っていた書店のおばさん、おじさんとも親しくしていました。この本屋も果たして残っているかと気になりつつも、また空しい気持ちになるのではないかと思って訪ねて行くことができずにいます。

　私が暮らしていたオランダなどヨーロッパの書店は、一度店を構えると長くその場所を守っています。そして、年配者が孫たちを連れて、その書店を訪ねるのです。このように、何世代かが共に共有できる思い出の場所が書店だったらいいですね。

　たとえば、1853 年にジョン・ヘンリー・スペルマが建てたスペルマ書店は、1970 年までオランダで最も大きな独立書店の一つでした。途中で経営者が変

わったり、他の会社と合併したり書店の名前を変えるなど、混乱の時期もありましたが、2014年にノバメディアが引き継いでからは、独立書店の地位は揺るぎないものになっています。浮き沈みはあったものの、アムステルダムの歴史ある書店として残っているのです。

　そして、イギリスの「ガーディアン」紙が世界で最も美しい書店の第1位に選んだ「セレクシーズ書店聖ドミニカ教会店」は、2013年に財政難により一度閉店しましたが、名前を「ブックハンデル ドミニカネン」に改め、美しい書店の名声を引き継いでいます。この書店は13世紀に建てられたドミニカ教会を書店に改装したもので、空間自体が歴史的な意味を持っています。

　私の本にも書きましたが、ズヴォレにある「バンドス書店」も、15世紀から村の人々の信仰生活の基盤になっていた教会を書店にしたものです。既存の聖堂が持つ建築美と、中世から守ってきた歴史的価値を保存している書店ですが、書店以上に空間としての役割も果たしています。私もオランダ滞在中には、市場へ行く時にいつも立ち寄っていました。バンドス書店では、教会から書店につくり替える工事の際に発見された青年の姿を、再現して展示しているのですが、私が惹かれたのは、名もない野花のように消えていったその青年を、書店で追慕している点でした。私たちが書店に来て本に親しむ理由が何なのかを考えさせられました。

司会：オランダで、書店文化など書籍文化が発展した理由は何でしょう？

申京美：オランダは慶尚道くらいの面積しかない小さな国です。けれども、最も近いところでは半径3kmごと、平均しても半径15kmごとに図書館があります。都市と村には10〜30もの書店があります。オランダの子どもたちは生まれると、図書館がブックスタートプログラム[注1]の一環として提供する「ブックスタートパッケージ」が送られ、本と出会います。成長とともに、息をするように書店や図書館に馴染んでいくのです。

　オランダは、17世紀初頭、スペインの支配から抜け出し、独立国家として生

---

*注1　ブックスタート（Bookstart）とは、乳児とその保護者に絵本や子育てに関する情報などが入ったブックスタート・パックを手渡し、絵本を介して「心ふれあう」ひとときを持つきっかけをつくる活動のこと。

まれ変わり、各地から亡命してきたデカルト、スピノザなどの偉大な思想家、哲学者、政治家、経済人たちが植えた人文学と哲学と文化の種が、長い時間をかけて立派な実を結んだとても文化的土壌の豊かな国なのです。

　読書人口が減少し、紙の本を求める人が減る傾向は、オランダやヨーロッパ各地でも見られます。しかし、変化の傾きが緩やかになるように、政府もそれなりに支援しています。読書が生活に溶け込んだ文化的な特徴もあります。

司会：申京美さんのお話を聞いて、韓国も健全な書籍文化生態系を育む、文化的土壌と環境をつくらなくてはならないと思いました。殷鐘福さんは、書店主の立場から見て、書店はどんなところだと思いますか？

殷鐘福：私が1993年から25年間、「ふいご」を運営して経験し、考えてきたことをお話ししたいと思います。

　まず、過去に好きだった3つのことを挙げてみましょう。第1に、書店は本だけでなく、人々の温かい情を通わせられる場所でした。本を買うだけではなく、お金を借りたり、ツケにしたり、学生たちのコミュニケーションの役割を果たしたりしてきました。成均館大学は正門から学生会館までがとても遠い。だから「ふいご」には学生のための伝言板があって、学生のコミュニケーションの場として機能していました。

　第2は、本屋で働く私と本屋に訪ねて来る人々が、本を売り買いする関係だけではなく、温かい先輩、助言者の役割をしていたのです。新入生が入ると、学科の先輩たちが30人ほどの新入生を連れてきます。「ふいご」は本を買うだけの場所ではなく、ご飯を食べ、適当にお金も借り、人生を語り合うところだったのです。成均館大学に入学したら、「"ふいご書店"を自分たちの家のように思わなくてはならない」と教えるほどでした。ある学生は本棚に両手を広げて、ここの本をみんなくれと言うんです。当時はカードではなく、現金で商売していたのですが、その金はすべて彼らの両親が一生懸命用意したお金や、大学の登録金などでした。そうしたお金で、先輩は後輩に酒をおごり、ご飯を食べさせ、本も買ってやっていたのです。

　第3は、「ふいご」は人文社会科学専門書店なので、時代の流れと共に歩んできました。集会が始まれば、店内は学生たちが預けていくカバンがあふれ、

95

商売ができないほどでした。集会が終わって3日くらい過ぎると、やっとカバンが持ち主の手に戻ることになるのです。集会には、私も店を閉めて参加することもありました。私も書店を運営する傍ら、拘置所に収監された経験があります。1997年に南営洞にある対共分室 *注2 に1か月ほど捕らえられ、ソウル拘置所にも1か月ほどいました。有名な朴鍾哲（パク・ジョンチョル）君が亡くなった隣の部屋でした。理由は禁書を販売したというものです。本の目録を見ると、どれも市内の大型書店にある本でした。『月刊マル』、『全泰壹評伝』などです。

こうした本は大型書店でも売っているのに、なぜ私を捕らえたのかと反論すると、大型書店は本を売るだけだが、お前は学生を「アカ」に染めているというのです。学生たちに赤色思想を植え付けるために書店経営をしている。なぜ国是に逆らってまで本屋をやるのか。さらには、拘置所を出てから、成均館大学内で進歩的活動をする学生のリストを出せば、「1か月に数十万ウォンの協力金を支給してやる」とまで言いました。「本屋を辞めて飲み屋をやるなら、飲みに行ってやる」とまでいうのです。そんな程度の捜査官が私の担当でした。

ソウル大学の近所にある人文社会科学書店の「その日が来れば」、成均館大学の前にある「ふいご」、高麗大学の前にある「チャンベク書院」の代表が、1997年4月15日の昼12時に一斉に逮捕されました。私は知らなかったのですが、その日は金日成が生まれた太陽節だったそうです。本屋を経営する中で、こうした苦痛も経験しました。

最近になって良いことは、学生らのツケがなくなったことです。書店で自分たちの愛を交わす若者も増えました。たとえば、交際100日の記念イベントをしたりします。残念なのは本を読んで討論するグループが減ったことです。今は成均館大学でも10あまりでしょう。書店で行き交う人間的な情も少なくなくなりました。本屋を始めた頃はオッパー（お兄さん）と呼ばれましたが、今ではアジェシ（おじさん）、ある学生からはハラボジ（おじいさん）と呼ばれたりしています。まったく人間的な面が薄れていくのは残念ですね。

---

* 注2　対共分室とは、ソウル市龍山区の旧南営洞にあった対共産主義分室のこと。1980年代、全斗煥大統領は独裁政治を行い、反政府活動をする運動家や学生らにスパイ嫌疑をかけて激しい取調べを強化した。最近、市民が運営する人権記念館として再生すべきという請願運動が始まっている。

第2節　書店、どんな場所なのか？

司会：今のお話を伺って、私たちの社会の変化と共に「ふいご」の内外ともも変化していることを感じました。書店の変化がまさに私たちの社会の変化を物語っているのでしょうね。

夫吉萬：「ふいご」を訪ねて、代案学校（フリースクールやオルタナティブ・スクールのようなもので、従来の教育体系とは異なる個々の資質や適性に合わせた教育を行う）に関する本はあるかと聞くと、代表が関連の本を出してくれました。本を探してくれたのだから、買わないわけにはいかない。これからの書店はこうでないといけませんね。顧客の関心に合わせて、書店主がキュレーション[注3]をするのです。

殷鐘福：夫吉萬さんの言われるようにするには、書店は特化しなければなりません。最初は人文社会科学専門店として出発した「ふいご書店」も、今では教材も洋書もライセンス本も販売しています。多様なニーズの本を販売しないと食べていけないのです。

夫吉萬：書店でライセンス本を売っても悪いことではありません。そうして、書店主ごとにお客さんの関心事に合わせて本をキュレーションし、著者とその本を求める読者をつないでいくのです。こういう側面から見れば街の書店は、地域運動、社会運動、市民運動、文化運動をする人々のメッカのような空間として存在できるでしょう。

殷鐘福：4、5年前に見たドキュメンタリー映像ですが、ある教授が40年前に留学していたハーバード大学を訪れたのです。すると当時利用していた大学前の書店がそのまま残っていました。その頃20代だった書店の主人は、60代になっていましたが、教授たちより本のことを知っているのです。書店を長くやってきたので、本の発行状況などを引き続き把握していたのでしょう。「ああ、これが書店の力なのだな」と思いました。本当はこのように書店も特化し

＊注3　キュレーションとは一特定の視点をもとに情報を収集、選別し、一般に共有することを表すインターネット用語。美術館や博物館、図書館の学芸員を意味する「curator（キュレーター）」から来ている。

97

なければならないのに、総合書店になってしまったのは残念でなりません。

申京美：書店の変化はうれしくもあり、気がかりでもあります。堅苦しく計算的な産業イメージの書店ではなく、人情味のある温かいイメージの書店が、だいぶ増えてきていますね。個性があふれ、本を買うだけでなく、本にまつわる多様性を楽しめるのはうれしいことです。一方では、「流行のようになっているのではないか」という懸念もあります。

　いずれにしても、時間が経過すれば、本当に意味のある書店主、困難に屈せず勝ち抜いた書店だけが生き残るのでしょうね。しかし、どんなに意義があるにしても、基本的に生計が保障されなければ耐えることは難しい。時代に便乗し、同時代の人々の必要を満たす役割も重要でしょうが、やはり書店は文化的先駆者や守護者になるべきだと思います。単純に本を売るだけではなく、本に関連した文化と伝統に精通した方が書店主なら、本を買いに行って、そこの主人と縁を結び、関係を維持する隣人でありたいですね。単に人脈をつくるという関係ではない、それこそ因縁なのです。自分の人生の一部となる縁。しかし、困難なことも多いでしょう。ロマンチックに夢を見る分だけ、それに匹敵する問題も広がっていくからです。

殷鐘福：成均館大学正門の向かいにあった店舗は、2007年5月27日に、正門から50メートルほど離れた地下1階に引っ越しました。広さ40坪の店舗で11年目です。以前より広くなりましたが、書店経営は楽にはなっていません。1995年からインターネット書店ができ、図書定価制の問題もあり、本の流通構造が崩れました。2014年からは部分図書定価制ができ、10％割引が可能になりましたが、時が経つほど本屋の借金が増えています。借金を返せないので、店を畳むこともできない状況なのです。

　それでも私は、「本屋ふいご」で夢を見る人たちとその夢を共有したいと考えています。「ふいご、本の遊び場協同組合」を運営しながら、本を読む会を開いたり、独立系の映画を見たり、人生を語り合ったりしています。私には人生の喜びが2つあるのですが、1つは、辛く厳しい人文社会科学書店を気丈に守ってきたことです。

夫吉萬：図書館への納品は書店経営の助けになりませんか？

殷鐘福：「ふいご」も鍾路区のある図書館に納品していますが、図書館にも15％割引で納品しなければなりません。現在、図書定価制度は、10％の現金割引と５％のマイレージ供与が原則になっていますね。街の書店では、図書館が注文する本を、１冊１冊出版社に電話で納品依頼するのですが、その仕事量がとても多いのです。納期も１週間しかありません。そのため私は、教保文庫から定価で買った本を、15％割引して図書館に納品することすらあります。

　私たちのような地域書店は、掛け率においても差別されています。１万ウォンの本だとすると、私たちのような地域書店では、マージンが最大で３千ウォンなのに、オン・オフラインの大型書店では、５千ウォンもマージンを得ています。オン・オフラインの大型書店では、10％割引をしても、４千ウォンが残るのですから、儲かる仕組みになっているのです。

　図書購入予算が14億ウォンという某大学では、12月末に入札を行い、購入先を１か所決めるのですが、いつも大型書店に決まります。今の図書定価制度は、大型書店とオンライン書店だけが利益を得る制度になっているのです。

　ソウル市が、「１千万ウォン以下の納品は地域書店を利用するように……」と言っていますが、地域書店はあまり利用されないばかりではなく、利用したとしても大型書店と同じ条件が適用されます。ラベル作業代も500ウォンと決められているため、限度を超えると書店側が負担しなければならないのです。そして本は、本棚への差し込みまですべてやらなければならない。そのため図書館への納品は、仕事量がとても多く、明け方まで働かなければならないほどなので、儲けにはならないのです。地域書店にも10％割引と５％分の図書商品券負担が適用されるのです。しかも商品券は、図書館に前納する決まりです。納品書籍の支払いは後払いになっています。こうした問題は、政策担当者もみんな知っていますが、インターネット書店がとにかくマンモス化しているので、その勢いを食い止められないのだと思います。

　OECD国家のうち、完全図書定価制になっていないのは、アメリカ、イギリス、オーストラリア、韓国です。日本は完全図書定価制をとっています。フランスやドイツでは、図書割引率の逆差別までしています。書店に対しては、すべての本でマージン40％を保障してやり、インターネット書店に対するマー

ジンは、20％にしています。インターネット書店で本を買うと、送料は消費者が負担します。フランスの場合は、書店を創業すると10億ウォン相当の借り入れができ、10年かけて返済しても無利子と聞きました。

夫吉萬：これからの文化政策では、中央政府だけに目を向けていてはいけないと思います。地方自治体は総予算の3％を文化予算として必ず組み込まなければならないと思います。市民が地域の市議会や区議会議員をきちんと教育し、監督すべきです。草の根民主主義、生活民主主義を実現してこそ、私たちの社会が変わると思います。まずは市民が高い意識を持つべきです。

司会：文化は直接目に見えないことが多いので、目に見える建設や土木などのハードなことばかりに関心が集中するのも問題でしょうね。

夫吉萬：道議会、市議会、区議会の議員らが地域の文化に関心を持つように、地域住民が積極的に要請し続けなければなりません。

司会：殷鐘福さんには、地域書店を運営する中での掛け率の問題、図書館納品の問題点について話されましたが、少し前にフェイスブックでは、21世紀ブックスが取次への掛け率を上げたことが話題になりました。これを受けて、各書店が21世紀ブックスの本を棚からすべて抜き取り、返品する事態になりました。地域書店などの中小書店と、大型オン・オフライン書店と比較した時、どんな問題があるのでしょうか？

殷鐘福：問題は2つあります。私は21世紀ブックス事件があった時、何の対応もできませんでした。その出版社と直接取引がなかったし、そもそも私たちは取次を通じてしか、本を受け取れないからです。しかも、その運動を共にして、図書館からその本の発注があるにも関わらず、納品しないわけにはいかないのです。納品できないのなら、出版社からもらった絶版証明書を、図書館に提出しなければならない。21世紀ブックスも、それまでは掛け率が70％でしたが、これからは75％、80％になるとのことです。私たちには、どうしようもなく抵抗もせずに受け入れるしかなかったのです。

でも実際には、もっとひどい出版社もあるのです。出版団体の役員が運営するある出版社の場合は、出版協同組合を通じて、掛け率90％になっているケースがあります。1万ウォンの本を「ふいご」に9千ウォンで卸すのです。そうなると書店は本を売りたくても、むしろマイナスになってしまいます。買い手はカードで決済し、書店はカード会社に手数料を支払わなければならないからです。しかし、90％で納品するその出版社は、現在のような図書定価制になるまで、同じ本を大型書店には20％引きで納本していたそうです。「ふいご」へのマージンは10％なのに大型書店へは20％なのです。こうして続いてきた取引上の差別が、街の書店をひどく苦しめてきたのです。

鄭潤熙：2014年度の改定図書定価制導入の前に行われた「現代経済研究院」の研究結果によれば、韓国には図書定価制が必要だが、完全図書定価制導入の前に「図書流通定価制」を導入すべきだという報告がなされています。しかし実際は、図書流通定価制は採択されずに、現在の図書定価制が導入されたのです。

殷鐘福：インターネット書店ホームページにあるバナー広告も、宣伝という表示をすべきです。大型書店が店頭スペースの賃料をもらって陳列している本も、宣伝という表示を大きくしなければなりません。地域書店は出版社から店頭賃料をもらっていませんからね。しかもカード会社と提携すれば、さらに20％引きになるそうです。結局40％も割引されます。消費者にカードで買わせて、巧妙に図書定価制と相殺させているのです。グッズなど抱き合わせ販売も改善されるべきですね。

司会：アメリカと韓国の出版物流通構造の違いは何でしょう？

安有婷：ニューヨークは図書流通構造は韓国と似ています。取次から委託を受け、販売できた時に精算するという方式も韓国と似ています。しかし、少し厳しいと思えるところもあります。私の本にも書きましたが、アメリカでは「リマインダー本（remainder book）」と言って、倉庫に残っている本を在庫処理できるのです。小さな書店では30〜40％引きで売ったりします。「倉庫大放出」という名目によるものです。リマインダー本を取り扱う流通業者は、平均2ド

ルでリマインダー本を購入し、小売書店に5ドル程度で納品します。リマインダーで流通する本は出版社に返品しない条件です。リマインダー本は、管理がうまくできない可能性もあるため、組織的に運営できる書店でなければ難しいのでしょうが、アメリカの場合も、小さな書店は大変だろうなと思います。

しかし、韓国より桁違いに優れているのは、「文化的な認識」でしょうか。ニューヨークは、街の書店で本を買うことを通じて、共生しなければならない、我々の価値をしっかり守らなくてはならないと考える人が、韓国よりも多いように思います。そういう文化意識のようなものがあるので、厳しくても耐えていけるのではないでしょうか。

そして独立系書店も酒を売り、コーヒーを売り、イベントを催し、グッズの販売もしているのです。そうして私が感じたのは、本がデコレーション化していないことです。本が装飾品化することなく、多様なイベントを開き、顧客を誘引し、さまざまな展開を試みていました。本が主人公なのは確かなのです。韓国の独立系書店に行ってみると、良いところももちろんあります。しかし、ささやかに本だけを置いてある店もあります。書店主に個性とカリスマ性があり、確実なコンセプトがあるなら、本を基礎とする空間活動（イベント）をする時に、独特なものをうかがうことができるのですが、そうではない書店も見かけるのです。ただインスタグラムに馴染む空間に仕立てているだけで、いざ訪ねてみるとがっかりすることもあります。

司会：トレンド物やベストセラーを陳列しない。書店主固有の意思がコンセプトになっている書店が必要でしょうね。

安有婷：時代が変わり、現在の若い世代は人文社会科学書にあまり関心を示さないようですが、かつては重要な価値を持ち、論争し共感し合う対象でした。正直、私は若い世代にはあまり共感することがありません。なぜなら彼らは経験していないからです。社会構造もそうですが、個々の人生体験自体がかなり違っているのです。だから今のベストセラーリストを見ても、興味を感じられないのです。

出版人の立場からは、怒りと笑いがこみ上げるベストセラーもあります。この業界には痼疾的な問題もありますが、現在がとても重要だと思っています。

第2節　書店、どんな場所なのか？

書店が変化して、時代も変わっています。「ふいご」のように長い歴史を持つ小規模書店があり、新規参入したばかりの書店もあります。しかし、読者が小規模書店に失望してしまったら、結局また大型書店、オン・オフライン書店で本を買うことになるでしょう。かつてのカフェブームのように、小規模書店が浮沈を繰り返すのではなく、本当に優れたセンスの持ち主で、本を見定める力を持った人々がやっていける仕組みをつくっていけば、書店の数は伸び続けるのではないかと思います。

夫吉萬：書店を「複合文化空間」にすることについてはどう思いますか？

安有婷：アメリカでは、複合文化空間を構成していますが、変わらないのは本が中心であることです。韓国でも、本を核とした多くの活動があります。最も大衆的なのは読書会のようなものです。高いお金を払って読書会に参加するとか、書店に高い参加費を払って文化イベントに参加するというケースも目にします。読書は、最も安価に知識や人生についての洞察を得られるものなのに、本や読書がアクセサリー化されていくのは残念ですね。本が中心にならなければならないのに、本を使って何かをするというのが現実なのです。書店を複合文化空間にして、多様なイベントをするのは良いことですが、書店の生存だけのためにイベントをしていては、長期的に見るとむしろ短所になるのではないでしょうか？　本への集中が必要で、本が中心でなければならないと思います。

司会：ニューヨークの独立系書店を巡ってみて、韓国でもこういう点を取り入れたら良いと思ったことは何ですか？　読書を増やすための書店の活動や、販売方法などがあれば教えてください。

安有婷：韓国でもすでに外国の書店の事例を多く取り入れています。あとは、本当に中身があるのかどうかの問題です。そこから出発すべきでしょう。
　私が見た書店に「ブルーストッキングス」[注4] という、進歩的な人たちが多く

---

* 注4　知的で文学趣味のある女性を意味する呼び名。1750年頃、モンタギュー夫人を中心とするロンドンの社交夫人たちが遊興的な集いを知的なものにしようと意図し、黒色の代わりに青色のストッキングをはいてパーティーに出席したことにちなんでいる。

集まる、中心的役割の書店があります。「ふいご」の現代的な姿になり得る書店です。彼らはその空間を自分たちが考える価値を持つ活動拠点として活用しています。本もそれらの分野の本を陳列しています。「ブルーストッキングス」のように本質的な目的を持ってブックキュレーションをし、活動をする事例があります。

　また、「ブックス・オブ・ワンダー」という書店では、子どもたちが喜びそうなカーペットを敷き詰めて、店内をワクワクさせる空間にしています。一緒に来る親たちのためのギャラリーもあり、『オズの魔法使い』など、親たちが子どもの頃に読んでいた童話の多様なイラストを大きく貼り付けていました。ギャラリーは親も郷愁を感じる空間になっているのです。幼い頃から子どもたちに、読書は本当に楽しいものだということを教えてくれる書店です。実際に本の朗読会など、多様なイベントをやっています。彼らが抱える本と、空間と、活動自体が、一つのコンセプトになっているのです。こうした事例に対して、韓国の書店も関心を持つべきでしょう。

司会：オランダなどヨーロッパの書店の事例も気になります。

申京美：ヨーロッパの書店の特徴は、子どもたちのための空間を上手につくっていることです。「キンダーブックビンクル」のような児童書専門書店もありますが、普通はどこの書店にも、子どもに配慮した空間が設けられています。

写真3-5　素敵な知的空間が魅力の「ブルーストッキングス」書店

親の立場としては、子どもが書店にある遊び場を利用する時間に本を見定めることができますし、本を買ったりもします。書店で最大限の時間を使いたくなるような魅力があります。

そのほかに、本の村についてもお話ししたいですね。イギリスの「ヘイ・オン・ワイ」は、とても有名です。私の本にも書きましたが、オランダとベルギーにも「ヘイ・オン・ワイ」のような本の村があります。オランダ東部、ドイツとの国境地帯にある「ブレイザーフォルト」という村です。1993年につくられたこの村は、村民主体で書店を運営しているのですが、村民だけではなく、ドイツ人にも利用されています。ここは本を売りますが、それだけでなく、本の村の雰囲気、歴史、文化を売るところなのです。

そして、ベルギーの海抜450mの高地にある「フディ」という村は、それこそドラマ『大草原の小さな家』に出てくる風景のような本の村です。この村は1984年に、記者であったノエル・アンスロが倉庫を図書館に改造して始まりました。復活祭を本の祝祭日と定め、毎年4月23日の「世界本の日」(サン・ジョルディの日) にも祝祭を行っていますが、韓国の本の祭典とはかなり違います。

韓国の場合は本の祭典というと、観光を中心とするイベント、祭典になってしまっていますが、フディ本の村の場合は、村に暮らす人々が祭典を開き、村民と、ドイツやオランダなど隣国の人々もやってきます。それこそ村のお祭りが開かれるのです。そこには、本を通して文化をつくり、つなげていこうとする彼らなりの意識のようなものがあり、とても自然な文化の祭典になっています。

写真3-5　「本のある風景を求めて」申京美さん一家が旅したヨーロッパの町

第3節

「書店危機」の原因を探る

司会：「街の書店」というアプリで発表した韓国の事例ですが、2015年9月から2017年7月までに独立書店が277店も増えたそうです。ソウルに128か所、京畿道に30店、釜山に15店などとなっています。もう一つ、韓国書店組合連合会で2年おきに実施した調査のことも紹介しましょう。

　2018年が調査時期なので、最新のものは2016年に発表した全国統計（2015年基準）ですが、書籍専門店が1559店、文具と本を併売する店が2116店で、合計3675店となっています。この数字は、2014年度と比較すると、8.1％の減少、10年前に比べると38％も減少しています。独立書店は増えているとは言うものの、全体的に見れば、書店の廃業が相次いでいることになります。

鄭潤熙：独立書店、書籍専門店、街の書店、地域書店、複合書店、それぞれの定義や概念をどう考えればいいのでしょうか？　定義が定かではないので、整理が必要でしょう。2018年に書店組合連合会が調査をする時には、独立書店についての調査も実施し、比較対照できればいいのすが……。

司会：一般の商業出版だけでなく、自費出版のような出版物を中心に販売する書店を「独立書店」と呼んでいましたが、必ずしもそうではないようですね。

安有婷：アメリカの場合は、巨大資本による大型書店である「B&N（バーンズ・アンド・ノーブル）」以外は、すべて「インディペンデント・ブックストア」

（独立系書店）と呼んでいます。韓国でいう街の書店のことです。「ふいご」は街の書店に分類されています。

殷鐘福：街の書店は、複合文化空間の役割をし、本が中心にならなくてはなりません。本がアクセサリー化すると、いっとき売上げは伸びるかもしれませんが、長い目で見れば、廃業につながると思います。独立書店はソウルに128店もできましたが、そのうちのいくつかは、2〜3年以内に閉店しています。大学近くの人文社会科学書店は、今は数店も残っていないでしょう。ソウル大学前にあった「その日が来れば」も、ソウル大学正門から30〜40分歩かねばならない場所に移転しましたので、大学前にある書店は、今や成均館大学前の「ふいご」だけになりました。この10年の間に、ソウルの人文社会科学書店は「イウム書店」「レッドブックス」「キルダム書院」など片手で数えられるほどになりました。そのほかの書店は独立書店でしょうが、それらには3つの特徴があると言われます。

　第1は、書店員が他の業務を兼業している場合が多いことです。物書き、放送関係、芸能人など、書店経営だけで生計を立てているわけではないのです。

　第2は、キュレーション方式です。「ふいご」には5万冊以上の本があります。そのうち、ジョン・ロックの『統治論』は常にあります。私が好きな、読むべき古典が、5万冊程度はあるのです。独立書店は売れ筋の本やベストセラー、トレンドの本が中心です。本の冊数は多くても千冊、少なければ数百冊です。私のような人間が独立書店に行くと、選ぶに足る本がないと思ってしまいます。

　第3は、「ふいご」のように大通り沿いにあるのではなく、路地裏などに店を構えています。もちろん奥まった場所であっても訪れる人はいます。店舗の賃貸料が高いので、路地裏に書店を構えていることも特徴でしょう。

　それでも、私は独立書店が増えていくべきだと思います。ただし、コンセプトを持った書店であるべきです。そうでなければ、くたびれてつぶれてしまいます。書店が閉店する理由には、書店自体の問題もありますが、韓国社会の構造という問題もあります。完全な図書定価制にせずに、書店も他の工芸品のように文化商品として取り扱うために、書店の転廃業が増え続けるのです。フランスの事例のように、図書は、他の商品と区別して「保護」すべきでしょう。

文化意識が変わらなければ、街の書店が生き残ることは困難だからです。

申京美：中小規模書店の危機の原因については、まず最初に、一般市民が本をあまり読まなくなり、買わなくなった点を強調したいと思います。便利で安くて速いことばかり好まれる風土の中で、不便で高価で、動きの鈍い書店が、相応の競争力を持とうとすれば、強力な何かが必要になると思います。

　最近は個人的な考えが尊重され、個性を重視するようになっていますが、韓国の一般的な文化は、流行に敏感で、集団主義の知性が幅を利かせることが多いようです。安定して売れるものよりは、ベストセラーのほうが魅力的なので、そこに勝負を賭けるようになります。本をつくって売るというのは、大きな戦いみたいなものです。ある顧客の満足のために事業を行うことは容易ではない韓国の風土で、出版と流通に縛られ細々とした問題を扱うには、整理しなければならない代価がとても大きいように思われます。

司会：最近、政府への請願で、ある大学生が図書定価制を廃止せよという文章を書きました。殷鐘福さんは完全図書定価制の実施を主張されましたが、一方、消費者は図書定価制に反対しているのですが……。

殷鐘福：完全図書定価制を実施した場合の長所は、まず本の価格が下がることです。最近は人々が街の書店で本を確かめてから、インターネットで本を買っています。本の値段には製作費と宣伝広告費などが含まれています。韓国の本はだいぶ値上がりしました。消費者は、現代の図書定価制のもとで、10％くらい安く買えると思っていますが、実際は20％高い価格で本を買うのと同じなのです。完全図書定価制が定着すれば、出版社は本の価格を下げることになるでしょう。

　さらに図書政策も変えなければなりません。消費者が本をたくさん買い求めることを願って、出版社は2種類の本を出すのです。欧米などでは、一般消費者には本の価格を下げる代わりに、ソフトカバーなどにして製作費を安く抑え、図書館の本はハードカバーにして消費者価格よりも高くします。図書館に行くと古い本、たくさん貸し出された本は表紙が壊れて、あちこち破損しています。そういう本はハードカバーにして、本が傷まないようにするために同じ

本を2種類、ソフトカバーとハードカバーで出せば著者も喜びます。出版社からすれば、本の形態を2種類にして出すと製作費の負担が増えますが、こうした部分に対しては国が支援しなくてはなりません。

大型オンライン書店は、図書定価制について消費者の意識調査をする時に、次のような質問をしました。「完全図書定価制になると、消費者の負担は大きくなりますか？　大きくならないですか？」すると、当然「大きくなります」という回答が返ってきます。

最近、人々は本の購入情報をインターネットで見るようになりました。でも、インターネット書店で本を買うと返品が難しくなります。街の書店で本を買えば、返品は簡単にできます。「ふいご」を利用する学生たちの中には、宣伝で聞いていた本とは違うから交換してほしいという学生がいます。本がきれいだったら交換してあげます。これは街の書店の長所でしょう。こういう街の書店の長所が失われてしまえば、文化の荒廃を招き、書店経営は次第に困難になるでしょう。

司会：先ごろ日本の鳥取県立図書館を訪ねました。鳥取県は小さな県なのに、1年間の図書購入費は1億円もあるのです。小さな県ですが、日本各県の図書購入費を見ると、全国で5位以内に入ります。図書購入をする時には、最大限入札をしない金額に抑え、分割して街の書店で購入しています。県立図書館では、年度初めに街の書店の代表たちを招いて、図書館に納品をしたい書店から申請を受けます。県立図書館に納品したい書店は誰でも申請可能で、納品できる状況でなければ申請の受付けをしません。

2017年の場合は、鳥取県内の7つの書店から県立図書館への納品が決まりました。これらの書店は、毎月、図書館への納品を希望する本を入れる本立て「選定前書架」に図書館へ納品したい本を差し込みます。すると司書が、書店から推薦された本を見て購入する本を選定し、「選定後書架」に入れ替えます。

大きな書店と小規模書店が、同時に同じ本を推薦したらどうするかというと、小規模書店が推薦した本を購入するそうです。こういう原則があるのです。ちなみに、なぜ図書館が地域書店から本を購入するのかというと、地域書店は良質の本をキュレーションする役割を果たすからという回答でした。

109

鄭潤熙：書店と図書館が変化すると、出版社が緊張します。書店と図書館が良い本を選定するから、出版社でも良い本を出そうと努力するでしょう。そうして書籍文化生態系が好循環するようになることが望ましいのです。

殷鐘福：出版社の人的構造を見ても、今は以前とは違って、編集者よりも営業担当のスタッフが多いようです。なるほど産業という側面から見れば合理的かもしれませんが、書店サイドから見ると、なぜこの本がベストセラーになるのか疑わしい本もあります。

図書館のような街の書店と日本の翻訳本
―韓国の書店と韓国の立ち読み風景―

　ここは書店ではなくて図書館かな？　店内に足を踏み入れた瞬間、そう思った。初めて韓国の書店を訪れた日本人が驚くのは、店内の至る所に配置された椅子に、もしくは地べたに座りながら本を読む人々の姿だろう。

　外国人からすれば、みんなが横一列に並んで立ち読みしている日本人の姿も不思議に映るかもしれないが、「韓国の立ち読み文化（座わり読み？）」も独特である。

　そしてもう一つ、韓国の書店を訪れる日本人の目を引くものといえば、ずらっと並ぶ日本書籍だ。雑多な言語の翻訳小説が小さな一角にちょこんと置かれているだけの日本と違い、韓国では、東野圭吾や村上春樹の小説や日本の漫画の翻訳本が目立つ場所に置かれている。

　日本人としては、ちょっとうれしくなる光景である。特に韓国語の学習者なら、自分が持っている本の韓国語版を探して、つい読み比べたくなるのではないだろうか。

（渡辺麻土香）

第4節

出版・図書館・読者による書店像

司会：興味深い話が続いていますね。殷鐘福さんのおっしゃるとおり、書店側と出版社側、そして読者が一堂に会して、真摯で深みのある論議をする機会はなかったと思います。これからは、こうした機会が増えてほしいですね。ここで出版側が見る書店、書店側が見る書店、読者から見る書店についてお話を伺います。まず読者の立場からお願いします。

申京美：出版社の立場で見る書店は本を売るところでしょう。流通チャネルの最後の責任を担う部分ですね。書店の立場で見ると、書店は家であり、職場であり、人に会うところだと思います。読者の立場で見る書店は、基本的に本を売っているところです。私が必要とする本に、出会って買える場所。そして在庫していなければ、いつでも用意してくれる、そこに人間的な何かがあればもっとうれしいですね。たとえば、その書店だけで独特の雰囲気、そこだけで聞くことができる店主の考え方、友人のような、おばあさんのような、街の人々がいつも集まって談笑しながら本の話をする、そんな場所であることが望ましい。

安有婷：書店は出版社にとって大切な流通網ですね。書店経営が本当にうまくいくといいなと思っています。2000年代初頭には、街の書店に代わるものがなかった。当時も「ふいご」には空間的な魅力がありました。たとえば、学生たちにとっての兄のように助言者の役割をしたり、学生たちのコミュニケーションツールである伝言板の役割も担い、人文社会科学書籍をキュレーション

第3章　書店営業の現状と未来

することで、本を提示する力も持っていました。しかし、インターネット書店と大型書店が巨大化する中で、もちろん今でも、空間の魅力や店主の魅力、そして本を選択し提示する力は相変わらず持っていますが、別の意味で重要になってきたと思います。

　冗談まじりに友人に「書店を開業しながら食べていくには、セレブのように大衆的な認知度のある者が経営したり、書店を運営しながら本人がセレブにならないといけない」と話したことがあります。そうでなければ、書店運営はとても難しい。ここで言うセレブとは、単純に芸能人というよりも、書店主自身のカリスマ性と確かなコンセプトです。そこに加えて広報です。特にSNS広報ですね。私は、目的を果たすためには、嫌でも付随的なことも取り込まなければならないと考えています。インスタグラムなどのSNSが広がっていて、そこでホットなものを若い世代は消費するのです。私はアナログ人間ですが、環境に適合する努力もしなければならないと思っています。

　書店側も人々に知られる空間になるように努力すべきだと思います。人々がとどまる空間としての役割を果たすことで、人々がもっと立ち寄り、本を買う気のなかった人でも買う気にさせる魅力が必要なのです。特に陳列方式において、大型書店との違いを感じさせる個性が大切です。10人のうち1人でも固定客になってくれれば幸いです。こうして書店に向き合う視線を穏やかにしていくのです。書店の変身とは主張を曲げることではありません。書店経営をしながら良い本を紹介し、人々の購買を促し、書店が生存できるようにするには、時代に合わせて穏やかな変化をしなければなりません。

司会：殷鐘福さんは、書店人として書店についてはどう思われますか？

殷鐘福：私からは、人生の姿、国家の文化政策、書店人としての願いという3つについてお話ししたいと思います。

　第1は、人々の人生の姿です。私が書いた文章の中に「なぜ大学では平和教育をしないのか？」というのがあるのですが、私は至上主義、学力中心主義、経済成長中心主義、これらの精神が変わらなければ、何事も変えられないと思っています。

　第2は、文化政策が変わるべきです。金九先生は「文化が独立しなければ

第4節　出版・図書館・読者による書店像

ならない」と言われ、ガンジーも 300 年続いたイギリスの植民統治から解放されても、我々一人ひとりの精神が目覚めなければ、また新たな植民支配を受けると述べました。私たちの暮らしと精神を支配する文化政策は、それほど重要なものなのです。図書政策は他の文化政策以上の、待遇を受けなくてはなりません。

　そして、図書館をもっと増やす必要があります。『時間を売る書店』を読んで驚いたのは、オランダには半径 3km 以内に、必ず図書館と書店があるということで、本当に感動しました。図書館が多いと書店の商売の妨げになりそうに思われます。でもそれは違います。図書館が多いと書店の営業はさらに良くなるのです。図書館が増えて本を読む文化が定着すれば、本を買いたくなり、本をプレゼントしたくなります。今では本をプレゼントすると嫌がられています。

　そして出版社は、この本を 1000 部刷るべきか、1500 部刷るべきかで悩みます。最低 1 万部売れれば、出版社も採算が取れ、著者も生活ができ、書店経営も安定するのです。しかし、私たちの現実はそうなってはいません。

　最後に書店人としては共生に向けて、書店を営む人たちが書店を文化空間にする役割を果たすべきだと思います。かつては店に本を並べておけばそこそこに売れましたが、今は違います。私が好きな哲学に、「不動のエンジン」があります。自分は動かないで万物を動かす力のことです。本屋も空間的には動きませんが、1 か所にとどまりながら、本を中心にして人が集まる何かをつくり、動く空間にしなければならないと思います。

夫吉萬：私が 30 歳の時に、良書協同組合の運営をしながら打ち立てた理念は、「書店は文化の集合地になるべきである」ということでした。書店には本というものがあるから、すべてが集まるのだろうと思いました。現在、政府では書店の文化イベントを支援する施策を実施していますが、この制度では相対評価をしているのです。書店を一列に並ばせて評価している。そうではなくて、資格がある書店はすべて支援すべきです。中央政府がやるから、こういう問題が出てくるのです。これからは地方自治体が、その地域の書店について責任を持つべきです。地方自治体も、総予算のうち 3％を文化振興に使わなくてはならないのですが、その文化予算の中に書店を支援する予算も含めるべきです。

第3章　書店営業の現状と未来

　そして文化運動にとって重要なのは、地元の名士ではなく市民の数です。特定の少数に大金を出すよりも、少額でもいいから大勢の人々に参加してもらうことが必要です。アリたちは団結すべきなのです。地域で書店を経営する人、出版をする人、街で新聞をつくる人たちが団結し、文化運動を展開すべきであり、地域市民が重要な役割を果たすことを示さねばなりません。さらに、市民団体が「大型書店の文化」を変える必要があります。これまで大型書店が、韓国を文化先進国にするために、社会にどれほど寄与をしてきたのか、業界の発展のためにいかなる寄与をしたのかなど、新しい価値基準を持って調査・評価し、市民団体とメディアが問い続け、点検しなければなりません。大型書店が発表するベストセラーリストも変えるべきです。全国に地域書店があるのですから、そこから統合して販売動向を分析すべきでしょう。

司会：日本には「本屋大賞」というものがあります。全国の多くの書店員が売りたい本を選定し、発表する制度です。大勢の書店員が選択しているので、多数の書店が横断幕を掲げ、その本を大々的に店頭に陳列し、本の帯にも宣伝のメッセージを加えています。

殷鐘福：韓国が日本のように「本屋大賞」を設けてもうまくいかないのは、街の本屋がかなり減っているからです。専門書店においても、試験対策本の占める割合が大きい。それに書店関係者が、本を読む時間的余裕がありません。本を読んで本を勧めなければならないのに、夜の12時頃まで働いていたのでは、いつ本を読むのですか。完全図書定価制になり、お客が増えれば可能かもしれませんが、我々地域書店では、横断幕を掲げる資金もありません。書店員たちが選定した本と言っても、お客さんが来なければ勧める機会はありません。
　現在は複合的な問題があって関心が湧かないのですが、それでも何かを変えようとする試みをしなければならない。最も重要な点は、私たちの文化に対する意識を変えることでしょう。

鄭潤熙：出版流通システムの透明性と公共性のための政策が必要だと思います。今の出版物の流通構造を見ると、取次から書店へと続くつながりに、何となく不透明で公正ではないものを感じます。そこには図書定価制問題、手形取

114

引、掛け率の問題、ベストセラー集計方式などが含まれます。出版流通におい
て、書店は特に重要な役割を担当するところなので、多彩な本が多くの書店に
供給され、読者に知られ、本が売れるシステムが必要なのに、現在はそれがう
まく機能していないように思われます。今の出版流通は、大手の出版社を中心
とするつながりが形成されているため、個人出版社や新規参入出版社、そして
中小出版社、地域出版社が本を供給するには不便な点が多いようです。文化体
育観光部（省）で、出版流通先進化法案のために予算化したそうですが、国民
の税金ですからきちんとした流通システムになるような支援を期待していま
す。これに対して出版社、街の書店、図書館も関心を持ってほしいですね。

申京美：私も本好きの一人として、出版社、書店、読者が共生できればいいと
思っています。私なりに考えてみたのですが、読者が「一日書店体験」をする
のも良いのではないでしょうか。ある月、もしくはある週の一日書店体験者が
本をキュレーションしたり、本の紹介をしたり、彼らに本屋の運営哲学や運営
ノウハウを教える時間をプログラム化するのです。そのような考えを共有し、
経験を分かち合う時間を持つようになれば、人々は書店に対する関心を深め、
見方が変わってくると思います。

　それから、街の書店に行くと、ポイントカードやマイレージをつけてくれま
すが、これらを別のものに変えたらどうでしょうか。代金への換算ではなく、
思い出通帳、家族カードのようなものをつくって、訪問するたびに購入した
本、その日撮った写真などを集めて、その書店であったことを思い出す小型本
のようなものをつくり、年末にその顧客にプレゼントしたらどうでしょう。も
ちろんそうした仕事には、時間と真心と物を投資しなくてはなりません。

　読者、顧客目線での考えすぎでしょうか？　でも、実際このようなことしか
思い付きません。書店主になってみることもできず、出版社を経験したわけで
もないですから。さらに出版社で子どもや学生、本に関心を持つ人々のための
訪問見学体験プログラムをつくってみたらどうでしょう。本はどのようにつく
られていくのかという単純なことから、出版社の社員、そしてプログラム参加
者が共に考えるキャンププログラムがあったら参加してみたいと思います。

第3章　書店営業の現状と未来

第5節

書店の未来をスケッチする
──出版社-図書館-書店が連携できるシステム──

司会：読者の立場で申京美さんが多くの意見を出してくださいました。環境が良くないからと言って、黙っているわけにはいきませんからね。書店を活気づけられる多様な方法を模索し、実行されればうれしいですね。

安有婷：出版社の立場で言うと、出版社も読書人口の減少に大きな影響を受けていると思います。出版社はトレンドに合った本ばかり出す傾向があります。タイミングを逃さぬように早く出さなければならないので、コンテンツの検討が不十分なこともあります。よく売れる本は、まるでシリーズもののように表紙までも似ています。出版も目先の利益に流されてしまうのです。ある出版社の代表がフェイスブックに、「韓国人は、コーヒーはよく飲むのに、本はどれくらい読むのだろうか？」という、読者を批判する文章を書いているのを見つけました。読者の立場からすれば、出版社の方が、これからは読者目線で考えたほうが良いように思われます。出版社が良質の良い本を出し、勧めれば買って読むのでしょうが、大型書店に行くと、店頭に大量に並べられている本があって、何かわからないのですが、どこの本が売れているらしいと思って買って読む。けれども、読者は失望してしまうのです。

　日記帳に書くような中身の本がベストセラーになるのですから、読者は失望してしまうのです。インターネットに載っている記事が、映画を見た気にさせるように、結果的には読者を失っているのではないでしょうか。出版社も目先のことだけを考えずに、流行に囚われないようにしてほしいと思います。

116

第5節　書店の未来をスケッチする

夫吉萬：ベストセラーを狙う出版社の寿命は長くはありません。ベストセラーを出しても結局は衰退してしまいます。ベストセラーを望まずに、こつこつと出版をするところは長続きします。特に専門書だけを出している出版社がそうですね。専門分野の著者500名を抱えていれば、彼らは著者であり、読者になります。そうやって20年以上も持続すれば、充実した経営ができるのです。ベストセラーでなくても、ある特定分野を根気良く出版していれば、それを理解してくれる読者は少なからずいるものです。

　出版というのは妙な職業です。現在、韓国の登録出版社は5万社近くありますが、1年に1冊以上の本を出している出版社は、7000社ほどです。それ以外の「出版社」は本を刊行していないのに、なぜ出版社を続けようとするのでしょうか。それは、韓国にはいまだに書籍文化を好む思想が根付いているからでしょう。

安有婷：最近は「出版社をやっていてどうして食べていけるのか」と、自問自答することもあります。

夫吉萬：そういうこともあるでしょう（笑）。でも、韓国では、出版社の名刺を持っていると、品位があるように思われるのです。それをいけないと考えるのは行き過ぎでしょう。そういう部分が韓国を文化先進国にするのです。私は出版社の数を増やすべきだと思っています。そして文化を好む人々をどう活用するかを研究すべきです。

司会：出版登録をしている5万社の人々だけでも本を買い求め、読んでくれれば、業界は活性化されます。最近ではメンバーシップ・マーケティングの重要性が話題になっています。著者のファン、出版社のファンなどを集め、出版社ではブッククラブをつくって組織化しています。書店でもブッククラブをつくって会員数を伸ばし、メンバーシップ・マーケティングへとつなげていくプランが必要なのではないでしょうか？

夫吉萬：「地域の出版社─地域の図書館─地域の書店」を連携できるシステムをつくり、1人が会員になれば、みんなも会員になるネットワークをつくるべ

117

きだと思います。

殷鐘福：書店を25年運営した者としてお話しするなら、未来は決して明るくはないと思います。泥の中で咲く蓮の花が美しいように、こうした不毛の環境でも生き残らなければならないという立場で、「本屋ふいご」を経営し、閉店しないように努めなければなりません。書店を稼ぎの観点から見れば、未来は明るいとはいえません。でも、深く考えてみると明るい面もあると思います。人々の生き方が変わらなければ、公務員試験対策本などばかりが売れていくでしょう。自ら人生を変え、変化しようとする人々が少なくなると、本はどうしても売れなくなります。私たちは過去の軍事政権がやっていた愚民化政策から抜け出すべきです。

　深みのある読書をしない文化、虚栄心を育てる出版も変わるべきです。公共図書館への納品においても、人文書や学術書よりも、実用書や自己啓発書がどうも多いようです。私が見るところでは、納品10点のうち、人文、学術書は1〜2冊だけです。図書館に行って聞いてみると、納品希望は読者からリクエストがあった本のようです。けれども、当初、購入申請があった本でも、半年経っても続けて借り受けたい希望がなければ、保管場所が足りないため廃棄するとのことでした。

　希望的なこととしては、書店を導いていく力は情だということです。書店経営が厳しいから情が生まれるのではなく、本という媒介を通して共に食事をし、本について語り合う、そうしたことのできる空間が、街の書店なのです。そしてそれは今も有効だと思います。個人的には講演会よりは本に関する集いが好きです。最近の人は、講演だけ聞いて本を買ってくれません。とはいえ、講演会も必要でしょう。ですから街の書店では、有名な著者の講演会よりも、自ら本を読む会を開くべきだと思います。

　最後に、次第に電子書籍が増えています。環境運動の一助になるのかもしれませんが、電子書籍は、アナログ方式、紙の本の特質やポップアップブックにはかないません。だから第4次産業革命時代には、アナログ方式に回帰して、紙の本がその役割を担当するだろうと思います。街の書店だけではなく、街で自給自足がかなう時代です。そこが街の書店も共に生きていく道なのです。これに希望を持つことができそうです。

第 5 節　書店の未来をスケッチする

安有婷：出版社にとって、書店は本当に重要な存在です。だから出版人として、書店の未来が良くなるように応援しています。書店の未来は明るくあるべきだと思っています。本を書いている時も、ずっとそう思っていました。私たちの社会が、良い仕事をしていて、生計も維持できるようになればいいなと思っています。書店が閉店する事例が起きていますが、確かに社会の構造的な問題もあるでしょう。精一杯の努力をしてもダメだったら廃業するしか道はありません。でも、その努力は本当にすべてやり尽くしたのか、方向を少し変えて試行錯誤してみたらどうか、考えてみる必要があるでしょう。

殷鐘福：そうですね。心に刻んでおきましょう。

安有婷：ありがとうございます。これから本を読んでいく世代は若い世代です。ですから、若い世代の考えを尊重することも重要だと思います。以前は体制や政府をプッシュして変えようと考えてきましたが、最近の若い人たちは自分が嫌ならやらないのが特徴です。大企業という組織からも平気で辞めています。個を貫く道を探す若者も多いのです。書店はもちろん、文化も、法も重要ですが、読者が書店文化を享有し、本当に良いものを知り、多くの人々の文化に対する認識が変わっていけば、街の書店もうまくいくだろうと思います。

夫吉萬：書店は、時代のトレンドのようにならなければなりませんが、地域の暮らし、地域の文化と合わせた、地域文化を活性化させる文化の接着剤の役割を果たすべきでしょう。

鄭潤熙：私も出版界で長く仕事をしたので感じる点があります。出版社、図書館、書店は、自分なりに一生懸命やっていても、みんな厳しく苦しいと言います。こうした問題を解決するには、それぞれが頑張ることも重要でしょうが、出版と図書館と書店を連結する政策も必要ではないでしょうか。

　これまでは中央政府がすべての政策を立て、トップダウン方式でやってきましたが、今後、中央政府は大きな枠と予算だけを確保すればよいと思います。その先は地方自治体とのネットワークを通じて、地域にある出版社と図書館と市民団体が連結し、共生できる生態系をつくらなければならないと思います。

119

第3章　書店営業の現状と未来

申京美：読者の立場としては、書店が平穏であればいいと思います。どんな時にでも、いつも自由に出入りでき、おしゃべりし、頭を冷やしに行けるところです。それほど立派ではないけれど、小さな何かが得られる、そんな特別な場所。毎日ご飯を食べ、お茶を飲むように、毎日、新聞を読むように、街に出て本を探し回り、引っ掻き回して本を買い、本屋の主人と日常や人生を共有できる、隣人としての書店です。

　雄大で画期的なものでなくても、以前から今までずっと続く、そういう場所。そういうものこそが、実際は立派で画期的なものなのです。食べて、飲んで、そういう基本的な欲求と同じように、知り、悟ろうとする、基本的な知的欲求が満たされる場所として、書店を利用したらどうでしょうか。

司会：書店の現在と未来について、貴重なお話をありがとうございました。書店の立場で、出版社の立場で、読者の立場で、そして書店に対する考え、これから目指すべき点など、多くの話をお聞きしました。国の政策も、現場の多様な声を反映して、樹立され実行されるように期待しています。

第4章

書籍文化生態系の模索と対案 ④
図書館はどう変わるのか

本章の内容

　書籍文化生態系を探るためには、出版と図書館の共生が必要となります。『出版ジャーナル』501号の特集座談会は、「図書文化生態系のための図書館の未来」というテーマで開催しました。

　国民に豊かな書籍文化の公共サービスを提供するために、公共図書館はどのような変化を遂げねばならないのか？　何よりも司書の配置の強化と蔵書購入予算の拡充が最優先されねばなりません。市民が読みたい本を思い切り読むことのできる図書館、司書が楽しく働くことのできる労働環境をつくることも大切です。

　今回の座談会には、第5期大統領所属図書館情報政策委員会の委員として活躍されているソウル図書館の李貞洙館長、明知大学文献情報学科の宋承燮教授、図書館を良く利用される中で、著述と翻訳を活発にされているリード＆リーダーの金敏周代表、そして出版社を経営する立場で、図書館と出版の共生を考えておられる金明淑ナムパルチョンソ代表に集まっていただき、図書館の現状と未来について、思う存分に話し合っていただきました。

■ 第4章　図書館はどう変わるのか

第1節

図書館、現状と抱えている問題

金貞明（以下、司会）：『出版ジャーナル』500号の座談会では、「模索と対案」を基調にした「国際競争力と書籍文化生態系の現在と未来」という共通テーマで、韓国の書籍文化生態系の現在と未来を診断してきました。

　今回は「模索と対案」のうち、「書籍文化生態系のための図書館の未来」というテーマでお話しいただきたいと思います。今回も活発な意見交換があると思いますが、多くのテーマは容易に結論に達するものではないので、少しでも建設的な対案が出るように願っております。本題に入る前に、参加者の方々の自己紹介と関心分野などについてお話しいただければと思います。

宋承燮：私は城南市で行政職公務員をしていましたが、中途退職して大学助手

・座談会参加者

企画・編集・校正：鄭潤熙／『出版ジャーナル』代表・編集長
コメンテーター：夫吉萬／韓国出版学会顧問、韓国文化財委員会委員
コーディネーター：金貞明／新丘大学メディアコンテンツ科兼任教授

参加者：李貞洙／ソウル図書館館長
　　　　宋承燮／明知大学校文献情報学科教授
　　　　金敏周／リード＆リーダー代表
　　　　金明淑／ナムパルチョンソ代表

122

第 1 節　図書館、現状と抱えている問題

を 2 年間務め、その後、統一部（省）の「北朝鮮資料センター」で司書として 15 年働きました。そのうちの 10 年ほどは館長格のセンター長でした。そして、いくつかの大学の兼任教授を 5 年ほど経験してから、明知大学の文献情報学科の教授として学生を教えています。著書には『北朝鮮の図書館解説』『兵営図書館解説』などがあり、あまり人気のない分野の本を先駆的に書いてきました。最近では『韓国図書館史』の一部を連載しています。あれこれと書いた論文などは 100 篇を超えていますが、相変わらず人気はありません（笑）。

夫吉萬：北朝鮮資料センターが光化門にあった頃に勤務されていたのですか？

宋承燮：はい、そうです。今は国立中央図書館の 7 階へ移転しています。

李貞洙：私は大学で文献情報学を学んでから、新聞社の資料室に 12 年ほど勤務して、IMF 危機[注1] の折に退社しました。在職中は、新聞記事や写真資料のデータベース化など、情報学にかかわる仕事を担当していました。退職後には大学で講義を 7 年ほどやりましたが、西大門区立李珍阿記念図書館で館長を

写真4-1　ソウル図書館館長室で行われた「図書館の未来を語る」座談会

＊注 1　IMF 危機とは、1997 年 12 月 3 日、韓国が国家破綻の危機に陥るような「通貨危機」に見舞われ、IMF（国際通貨基金）からの資金支援の覚書を締結した事態を指す。IMF 経済危機・IMF 通貨危機・IMF 管理体制・IMF 時代・IMF 事態と呼ばれることもある。

募集していると聞いて応募したところ、幸いにも採用されて、12 年ほど、そこで働きました。2017 年 1 月からはソウル図書館の館長をしています。

夫吉萬：私は恩平区立図書館で講義をしたことがありますが、その頃、西大門区立李珍阿記念図書館が、とても積極的に仕事に取り組んでいるという話を何度も聞きました。

宋承燮：あまりに熱心すぎて「公共の敵」だったでしょう（笑）。

夫吉萬：図書館が公募事業支援金を得てプログラムを運営しているもので、公募事業ではずいぶん苦労されたでしょうね。

宋承燮：そうですね。公的システムを通じて一定の基準に基づいて支援すべきものなのですが、公募事業があまりに多いのが問題です。だから、図書館でもこうした事業に適した有能な館長が必要なのです。公募事業も独り占めする弊害が生じることになるらしいのです。

李貞洙：私はソウル図書館の館長に就任した 2016 年から、公募事業をなくすことにしました。国では公募をしますが、ソウル市では競争体制ではなく自律権を与えるようにしようと考えています。

宋承燮：公募事業をするようになると、評価事項だけを熱心にやりがちですからね。

李貞洙：これまで館長をやりながら、不合理だとか、見直すべきだとか、補完しなければならない事柄を数々見てきたので、図書館に補助金を支給する方法などを改善しました。

司会：それでは、著者と読者の両方の立場から、図書館文化についての話を進めましょう。リード＆リーダー社の金敏周さんにお願いします。

124

第 1 節　図書館、現状と抱えている問題

金敏周：私はソウル大学とシカゴ大学で経済学を学んだ後、韓国銀行と SK で働きました。リード＆リーダー社はマーケティング戦略のコンサルティング会社で、設立後 15 年ほどになります。

　私はコンサルティングをする傍ら、本を出したり、翻訳をしたり、講義を担当したりしています。著書は 25 冊で、英文翻訳分野では 20 冊ほど出しています。図書館には著者としても読者としても大いに関係しているので、この座談会に参加することができて感謝しております。

夫吉萬：私は読書、出版にかかわる仕事をしてきたので、今でも忙しい毎日を送っています。図書館、文献情報学は、私が勉強した出版学の隣接分野です。今日は隣接分野の研究者として、そして図書館利用者の立場から意見を述べたいと思います。

司会：ありがとうございます。次に読者として、この座談会に参加されているナムパルチョンソ出版社の金明淑さんにお願いします。

金明淑：私は出版社で本づくりをしています。出版社の立場で図書館文化について、興味深いお話を伺える機会を与えていただき感謝しております。

写真4-2　旧市庁舎をリニューアルしたソウル図書館（右は李貞洙館長）

第2節 歴史、図書館数、司書の現況

司会：それでは本題に入りますが、それに先立って、韓国の図書館の歴史と図書館数をあらかじめ把握しておくことが重要だと思います。宋承燮さん、図書館の現況をお聞かせください。

宋承燮：他の学問もそうでしょうが、文献情報学では引用を極めて重要視します。ですから、まず、それをはっきりさせてから本題に入ります。最近、明知大学校文献情報学科の権羅鉉教授が「韓国の公共図書館の水準と専門家協会の役割」というテーマで、公共図書館の現状を発表されました。私はその資料の内容を中心に説明いたします。

韓国の公共図書館の現況を概括的に紹介しながら、この20年間の状況を比較してみます。公立図書館の数は、1997年は330館でしたが、2016年には1010館に増えているので、20年で3倍になりました。公共図書館の利用者数も1997年は53万人だったのが、2016年には282万人ですから、5.3倍になりました。また、1名当たりの印刷物蔵書数（デジタル資料を除く）を見ると、1997年は0.25冊でしたが、2016年には1.74冊ですから、約7倍に増えたことになります。さらに、図書館1館当たりの奉仕人口数は、13万5589人だったものが5万1232名になっているので、2.6倍もサービスが向上したことになります。このように、公共図書館は数値、特にインフラ面では、かなりレベルアップしたと言うことができるでしょう。

ところが、ここからが肝心の話になりますが、否定的な統計もあるのです。図書館司書1人当たりの奉仕対象人口は1万2153人です。国際図書館連盟

（IFLA）基準では司書1人当たりの奉仕対象数が4200人ですから、韓国はそれの約3倍になります。また、司書人数は4380人で、統計によって多少の差がありますが、これは法で定めている定員の18.2％にすぎません。法定の定員に比べて極端に低い数値になっています。それだけに、問題は深刻なのです。

　次に、海外の図書館と比較してみると、さらに大きな差が出てきます。OECD諸国のうち、韓国と所得及び図書館数が近いのはフィンランドです。この国の司書の勤務時間は週35時間、韓国は77時間で、実に2.2倍です。

　フィンランドの職員1人当たりの奉仕対象数も1124人で、韓国の約10分の1にすぎません。運営費の場合、韓国はフィンランドの15％でしかないのです。細かな基準で見るとその差は歴然としています。

　ここでは詳しくお話しすることはできませんが、つまり、韓国の図書館がこれほど成長したのは、司書が勤務時間以外にも、ありとあらゆる仕事を、寸暇を惜しんで熱心にやった結果と言うことができるのです。

　ところで、図書館の司書職の類型を見ると、さらに事態は深刻になります。公共図書館に勤務する職員は合計43万5000人ほどですが、そのうち正規職の司書は4380人です。そして、もっと問題なのは図書館に勤務する公益勤務要員が6987人もいるということです。つまり、公益勤務要員が司書の役割を代行しているのです。深刻という言葉をたびたび口にして恐縮ですが、本当に深刻な問題は、図書館職員の大多数を占める約41万3000人がボランティアであるということです。

　だから、私たちは図書館に行くと全員が司書で、正規の職員だと思いがちですが、実際には司書に接することは滅多にありません。もちろん、司書の資格を持っている非正規職員もいますが、多くは、こうしたボランティア、公益要員、その他の非正規職員なのです。あえて言えば、私たちが図書館に行って会う職員は司書でない場合がほとんどなので、このために司書のイメージを悪化させている可能性さえあるのです。

夫吉萬：司書の資格を持ちながら、非正規職というケースが多いのですか？

宋承燮：公共図書館を見ると、それなりの規模の図書館になると、職員の総数が技能職、技術職を含めて30〜40名になります。建物を維持するにはそれ

なりの要員が必要なのです。その職員の中に肝心の司書がいないことも多々あります。司書数が 3 名以下の図書館は実に 40.5％を占めているからです。

夫吉萬：非正規雇用の司書でも月給を払わなければならないし、国家予算が入るじゃないですか。

宋承燮：給与は払いますが薄給です。さらに身分保障がありません。

夫吉萬：正規雇用の司書は試験を受けるんですか？　どんなふうに司書の人員補充をしているのですか？

宋承燮：正規職は試験を受けて入ってきます。国家公務員は国で採用し、地方公務員はソウル市などの自治体で採用します。さらに教育庁でも採用しています。教育庁の司書はたいてい規模の大きな図書館で働きますが、正規職の公務員中心なので、自治体の司書よりは恵まれた待遇になります。

司会：教育庁の司書は、どこで働いていますか？

宋承燮：教育庁傘下の図書館で働きます。ソウル市には 147 の公立図書館がありますが、そのうち 22 館が教育庁傘下の図書館で、残りの 125 館は各区の図書館です。事実上の区分がはっきりしています。

司会：学校図書館の司書も教育庁から派遣されるのですか？

宋承燮：学校図書館も、学校が教育庁に管轄されているので、教育庁で管理していますが、大きく見れば、教育部（省）が監督部署で、司書教師任用試験によって採用しています。現在の図書館問題の構図を歴史的な観点で手短に探ってみましょう。韓国の図書館の歴史を見ると、近代図書館の始まりは植民地時代に遡ります。1945 年にようやく主権国家となり、朝鮮図書館協会が設立されて、多くの先覚者によって組織が整備されました。1963 年には図書館法が制定されて、国の行政制度内に組み込まれることになりました。

第2節　歴史、図書館数、司書の現況

　そこで、図書館が行政制度として運営されるようになったことは、政府の支援を受けることを意味しますが、同時に、国の統制を受けることでもあるので、両面性を持ちます。現在の韓国図書館協会が成長する上では、各種の国庫支援事業、委託事業が大きな力になりました。

　しかし、一方では政府から支援を受けた分だけ発言権が弱くなるという問題もあります。このような点が最近議論になった司書職配置基準と関連して問題化しているのです。これらに対する司書の不満が、司書のリレー討論会、国民請願運動につながっていったのです。

夫吉萬：試験を受けるということは正規職員を選ぶということであり、そうなると国家予算を使うという話になりますが、予算について研究する必要があるでしょうね。衡平性というか重要性に比べて、果たして司書配置予算がきちんと適正に配分されているのか、そして、他の分野の人件費はどうなっているのか、さらに司書職員の増員のためにも、これらの調査を通じて宿題を片付けないといけないでしょうね。

宋承燮：法的な最低配置基準で見ると1990年度当初は20％だったのが、より悪化しています。

夫吉萬：法的配置基準というのは、政府や国会でつくるのではないですか？

宋承燮：そうです。法的最低基準は3名ですが、今回問題になったのは、最低基準を3名にすることを図書館登録時に義務化したことです。その趣旨自体はとても立派でした。というのは、文化体育観光部の都鍾煥長官が国会議員だった頃に、図書館法の全面改正を発議したことがありましたが、当時、都長官は事情をよく理解していました。全国に司書がいない図書館がとても多く、学芸員のいない博物館もざらにある。さらに司書も729の図書館が法的配置基準を満たしていない、これは問題であると。このような問題意識が立法趣旨に入っていました。だから、文化施設の量的拡大も重要ですが、市民が文化を享有する機会を増やすためには、既存のインフラの質的向上がさらに重要である。だから質の向上のために努力しようとなった。ところが、むしろ反対の結

129

果になってしまったのです。施行後に、最も問題になるのは、法的最低基準の目標達成率が100％になったら、余剰人員が生じることです。

　施行令はまだ未完成ですが、法的最低基準は3人で、あとはガイドライン、つまり「韓国図書館協会などがガイドラインをつくり、追加増員の人員は後回しにしよう」ということのようです。ガイドラインは法的基準ではなく勧告にすぎません。私たちは、すでに2012年に大学図書館振興法施行令をつくったことがありました。この時に最低基準が3人でした。問題は、大学図書館も当初の趣旨はそうではなかったのですが、解釈を最低基準に合わせたのです。

李貞洙：問題は「最低基準が最大基準になった」ということですね。

夫吉萬：それでは、人口比例基準を度外視するということですか？

宋承燮：空間基準で330平方メートル増えるたびに1人増やすとか、蔵書が6000冊増えるごとに司書を1人増やすというようなことです。こうした法的基準があります。

　これが現行の施行令なのですが、これを今回修正しようとしています。増員基準に関する明示的規定はなく、ガイドラインで解決しようとしたことが問題になり、相次いで反発の声が上がりました。こんな司書配置基準は、とても受け入れられないと、ソウル図書館を含むソウル公共図書館協議会、京畿道司書協議会などで声明を出したり討論会を開いたりしました。

金敏周：都鍾煥長官が国会議員の時には、図書館の問題点をよくわかっていたのに、当初の意図とは異なる法改正をしようとしているのは、なぜなのですか？

宋承燮：それは、法的充員率を気にしすぎた政策実務者の誤った判断だと思われます。

〈図書館をめぐる最近の話題から：韓国図書館協会〉

　最近、文化体育観光部の司書配置基準改正をめぐって図書館現場と対立が起きている。同部が提出した「公共図書館の司書配置基準改正案」が、1館当たりの司書定数を3名と規定したからである。

　文化体育観光部の図書館政策企画団は、2017年8月2日、「図書館の環境変化に対応する公共図書館の司書配置基準の合理的改正」を目的とする図書館法施行令の改正を推進するために、現場の意見集約用の文書を公共図書館あてに送付した。

　この改正案の「公共図書館司書配置基準」1・2案に対して、図書館側からの撤回要求が相次いでいる。図書館側の主張は、国内の公共図書館のうち40%以上が司書3人未満で運営されており、現行の図書館法すら順守できない状況で、司書配置基準を緩和し、順守義務のないガイドラインを提示するのは、図書館の発展に逆行するという主張である。

　韓国図書館協会は、2007年9月27日、協会のホームページで「文化体育観光部の司書配置基準改正の推進」に関して、文化体育観光部と図書館現場との間に多くの確執があり、当協会も役割について悩みもしてきた。この件に関して協会は、2007年8月11日と18日の2度にわたる文書で変更推進の中断を要請し、その後も多角的に当協会と図書館側の意見を聞き入れてくれるように求めた結果、9月15日に、文化体育観光部が「貴団体の意見を受け入れ、新たな論議構造を通じて合理的な改正案を用意したい旨の文書を送って来ました」と公表している。

〈図書館司書をめぐる問題点〉

◇ 図書館司書1人当たりのサービス対象者人口は1万2153人
　国際図書館連盟（IFLA）基準は4200人
◇ 司書が3名以下の公共図書館は40.5%
◇ 毎年4年制及び2年制の文献情報学科の卒業生は、1年に約2000人以上もいるが、正職員採用されるのはわずか100人程度である。

第3節 図書館法施行令改正（案）の問題点

司会：次のテーマである「図書館施行令改正案の公共図書館司書配置基準」についての、「主要内容と問題点」について話を進めていきます。

李貞洙：図書館の登録をするには法的基準を満たす必要があります。しかし、現行の図書館法施行令の司書配置基準を実現させるのは、とても高いハードルになっています。公共図書館で、この基準を満たしている図書館は1か所もなく、基準をクリアしている図書館は0.3％にすぎないので、無きに等しい状態なのです。既存の図書館を除き、新たに設立される図書館は必ず登録しなければなりませんが、それには基準を満たす必要があるのです。

　そこで、司書をたくさん雇って配置しなければならないわけですが、それではあまりにも非現実的だということで、法律では最低基準だけ規定して、そのほかはガイドラインに委ねるというのが第1案で、第2案は奉仕対象人口9000人当たり司書1人にしようというものです。

　文化体育観光部は、この2つの案を第一線の図書館に送って意見集約をしようとしました。その内容を見て私たちの立場で、最初から最後までずっと読んでいくと、第1案に文体部の意図がうかがえるように思いました。法の改正のためにはいろいろと定義しなければなりません。分館についての基準もなく、特化図書館についての基準もない、奉仕対象をどの領域にするのか、基礎自治体と広域自治体に対する基準もありません。

　司書は今も毎日身を粉にして働いていますが、雇用創出が文在寅政権の政策のキーワードになっているため、図書館の人員構造をいっそう悪化させている

というのが現場の意見です。だから、ソウル市と京畿道を中心に、討論会や政府への請願、市民の署名運動などをやりました。司書が要求したのは文体部の案を撤回させることですが、文体部では撤回という言葉を使わずに、「原点の再検討」と言って我々の文書を受け取りました。

司会：国民のための図書館が直面する問題を市民は知らないようです。お話を伺って事情が理解できました。

宋承燮：「大学図書館振興法施行令」の場合は、司書配置基準が最低３名です。大学のような場合は財政難が深刻なので、「人口の崖」（出生の減少と高齢化の加速化）のために、構造調整が必要になり、学生数が減るので登録金収入も減少し、さらに登録金を凍結する一方で、引き続きなされる大学評価に備えて、教授を大勢採用する必要に迫られ、また奨学金も増やさなければならないので、新たに職員を採用する余力はありません。事実、大学がこの数年間に、正規職員を採用した例は皆無に等しいでしょう。

　特に、大学図書館の司書職はもっと深刻だと思います。大学図書館振興法をどんなふうに悪用するかというと、図書館の職員が 10 名もいる、３名でいいのに、それなら余剰人員を他の部署に移せばいいということになって、図書館の人員が減らされます。この法律は大学図書館の振興のために制定されましたが、本来の配置基準が無視され、最低基準が最大基準になってしまっています。次に、特化図書館をつくってテーマ別に専門家を司書として採用するというのですが、司書がテーマ別に特化教育を受けられる環境にはなっていません。それでは司書の資格のない人を選んでもかまわないということになってしまう。だから、この法案は司書にとっては、認めがたい法律ということになります。

司会：法案に増員基準をはっきり入れたら問題はないということですか？

　認可基準が３人だと、小規模図書館を設立する場合にも３名を確保しなければならないことになりますね。

宋承燮：既存の基準を緩和しても問題はありません。既存の法的基準や協会基準がちょっと厳しくなっているし、単なる勧告規定で義務化されてはいないの

です。小規模図書館の場合、司書が1名いるだけで十分のケースもあると思います。ところで、この改正案では分館概念が不明なのです。外国の図書館の分館は、分館とはいえ、独立した概念です。韓国では中央図書館と分館があれば、中央図書館ですべてをやらねばならない。そのように考えたら、分館には1名いるだけで十分ということになります。

　ニューヨークの場合は、公共図書館がたしか85館もあります。中央館は3つで、4つの研究図書館があり、そのほかは分館です。しかし、分館という言葉は使用しない。組織系統から見れば分館ということで、すべてが地域社会の独立した図書館であり、司書数も少なくありません。私たちはそのような概念に疎くて、分館には1名だけいればいいと考えがちですが、これは図書館の全体的運営面をよく知らない行政職の発想です。公共図書館の現況とか図書館の問題をわかっている専門職が企画していたら、このような施行令を起案することはなかったでしょう。

司会：私は日本の図書館について少し調べてみたのですが、日本の公共図書館は3331館（2017年4月現在）でした。専任の館長や分館長が1143人（うち司書の有資格者は381人）、専任司書が5410人、司書補が71人、兼任の館長と分館長が1198人（うち司書の有資格者は170人）、兼任司書222人、兼任司書補10人、そして「非常勤」という非正規職の館長と分館長が334人（うち司書の有資格者は56人）、非正規職員の司書が9553人、正規職員の司書補が272人、さらに、指定管理者の館長、分館長が435人（うち司書の有資格者は259人）、指定管理者の司書が3790人、指定管理者の司書補が97人、図書館の司書職員の構成はこのようになっています。また、本館と分館に分けられていて、本館の専任司書は4504人、分館の専任司書は906人でした。

　日本も司書職員が全体的に増えてきてはいるものの、問題点があるようです。私は、以前、鳥取県立図書館に行ったことがありますが、他の行政職を兼務している人も含めると、司書が47人ということでした。

金敏周：韓国の図書館において、司書である方と司書でない方では、実際にやる仕事に大きな違いがあるのですか？

第 3 節　図書館法施行令改正（案）の問題点

宋承燮：まったく違います。その話を始めたら長くなりますので……（笑）。

金敏周：司書固有の仕事は何ですか？

宋承燮：図書館、文献情報学の核心は図書の分類編目です。これは一種の知識分類と資料の組織化です。知識を分類するには深い学識と豊かな図書館経験が必要です。以前は、経験 10 年以上のベテラン司書だけが、本の分類に携わることができました。1 日にわずかしかできません。本の内容を正しく把握してどのように分類すべきか、頭を悩ませますし、多くの時間がかかるのです。資料の組織化は、標準化された書誌情報を通じて体系化されたデータベースを考えればわかりやすいと思いますが、やはりこれも簡単ではないのです。

金敏周：そんな分類作業こそ、どこか 1 か所に決めてやったらどうでしょう？

宋承燮：そのとおりかもしれません。しかし、深く掘り下げていくと、分類はその図書館固有の哲学体系になります。分類によってその図書館らしい知識体系、一種の価値体系が形成されるからです。ところが、この仕事が重要であるのに、司書にはできないのです。最近の司書はじっくり腰を落ち着けて、そのような仕事をする時間を持つことができないからです。

金明淑：出版社で本をつくると ISBN と CIP[注2] を登録するじゃないですか。

宋承燮：そのとおりですが、その情報を使うか使わないかは図書館が選択します。重要なことは、これが外注先から入って来るということなのです。

金敏周：外注先ですか？　それは、どんなことですか？

---

*注 2　ISBN とは国際標準図書番号（International Standard Book Number）のこと。世界共通で図書（書籍）を特定するための番号である。また、CIP（Cataloging in Publication）とは、出版前の資料に対し標準的な目録情報を作成し、出版時に標題紙裏面などに掲載するもの。

135

■ 第4章　図書館はどう変わるのか

宋承燮：アウトソーシングをして、本を納品する企業が書籍分類をしてくれます。ただし、正確とは限りません。

李貞洙：外注先で分類して納入されるので、同じ本が異なる分類番号を付けたために、本来置くべき書架から離れた場所に置かれている、といったことはしばしば起こります。だから図書館では、事前にかなり詳細な業務指示書を渡します。しかし、外注先によって仕事の仕方が異なっており、シリーズものの場合は1、2と区分されている本もあれば、上下と区分されている本もあり、極端な場合は1巻の次に下巻と入力する事例さえあります。供給する図書館が多い上に、図書館ごとに業務指示が異なっているのです。したがって、指示どおりということはあり得ません。外注した本が図書館に搬入されてきたら、司書がきちんと検収する必要があるのですが、そのための人手と時間が足りないのです。

宋承燮：そんな状況なので、図書館の最も本質的な仕事が後回しになっています。図書館の第2の役割は、レファレンスサービス[注3]、今はインフォメーションサービスと呼ばれている業務です。

　最も重要なことが情報提供であり、その次に、以前はより重要だと考えられていた教育機能があります。これは、司書が情報リテラシー教育、図書館利用に関する教育、サービスの現場教育などのさまざまな教育機能を担当することです。

　第3が、相談・指導で、参考面談、読者相談サービス、論文作成相談、また、最近多く登場する読書治療のような活動をします。こうした仕事が情報サービスの核であり、司書が本来果たすべき業務なのです。

　しかし、内部的にも参考情報源の構成や、リソース[注4]ファイルの構築などやらねばならない仕事が実にたくさんあるので、残念ながら、現在はこのような仕事に取り組む余裕がありません。ほとんどの司書が行事の企画をしたり、

＊注3　レファレンスサービス（reference service）とは、図書館の利用者が、学習・研究・調査を目的として必要な情報・資料などを求めた際に、図書館員が情報そのものあるいはそのために必要とされる資料を検索・提供・回答することによってこれを助ける業務である。
＊注4　リソース（resource）とは、資源、資産の意。コンピュータ用語で、動作の実行に必要な処理システムの要素や機器のことを指す。

そのイベントのために駆け回ったり、庶務のような行政事務をこなしたりすることで、手一杯になっているのです。だから、今の人員配置では本来の司書業務に専念することはできない状態なのです。

司会：韓国の図書館司書は、みんなそのような仕事を兼任していると考えていいわけですね。

宋承爕：そのとおりです。

夫吉萬：学校教師と同じですね。教師も以前は一般事務がとても多かったのですが、最近は一般事務からはかなり免除されつつあります。でも、司書はその段階にまでは達していないようですね。

司会：司書は不足していますが、一般事務を担当する事務職員も不足しているということです。

李貞洙：今回の司書配置制度改正案をきっかけに、私たちも討論会をやりましたが、司書仲間から出る話というと、この歪んだ組織構造が根本的な問題であり、司書の増員の必然性があるということです。特に、公共図書館にとって、現行の図書館法の司書配置に関する基準が絵に描いた餅になっていることも問題ですが、それ以上に、この法律には図書館の規模に基づく一般事務職、施設管理職員、コンピュータ要員などの必要人員の配置に関する基準が規定されていないからです。

　先ほど、宋承爕さんが言われたように、植民地時代につくられた京城区立図書館とか朝鮮総督府図書館が、解放後に公共図書館と国立図書館になりましたが、住民自身が自発的に必要に迫られて図書館をつくったものではなく、行政によって設立されたものです。だから、制度的にはそれなりに整備され、1963年に図書館法まで制定されたとはいうものの、図書館らしい図書館になってはいなかった。なぜなら、予算も住民意思もなかったからで、図書館は図書室の延長のような空間になったのです。

　2017年9月19日の新聞記事でも、試験期間に住民自治センターを開放し

て勉強に利用するという意味で、「図書館」という表現をしていました。図書館と読書室の区分がなく、実際、政策もそうなっています。図書館の役割と機能とは何か、という根本的な問いかけが必要であること、公共図書館が基礎自治団体や広域自治体、さらに広域教育庁にありますが、それぞれの図書館の役割は何か、このような問いかけを自らしなかったことを、司書としても反省するようになりました。

　図書館に対する要求が多いので、量的な拡充政策が継続していますが、それに質的向上のための政策が伴っていないから、服務要員やボランティアが司書よりも多くなるのであり、きちんとした情報サービスを市民が体験することができない、そんな状況になってしまったのです。

司会：公共図書館の司書配置に関する図書館側の立場について、ひと言お話しくださるそうですね？

李貞洙：「改悪に近い司書配置制度改正案を撤回せよ」というのが第1の要求で、第2は、「異常な労働環境を抜本的・政策的に解決せよ」ということです。

　図書館メーリングリスト^{*注5} のホームページで、ソウル公共図書館協議会と京畿道司書協議会が、原点再検討に関する文化体育観光部の主張について歓迎するという趣旨の見解を発表しました。市民のための図書館サービスに係る悩みと、内部的な省察と反省が必要です。なぜなら、私たちも図書館がこのような状況に追い込まれるまで沈黙し、一定部分では現実を容認していたため、市民と手を携えて利用者に喜んでもらえるサービスを提供する運動が欠如していたからです。これを機会に深く反省して、我々自身が制度改善に向けて努力しようというのが司書たちの考えです。

司会：ソウル・京畿地域の司書の主張を力強くアピールしてくださいましたが、地方ではどうですか？

---

*注5　韓国図書館司書メーリングリストとは、1997 年に生まれた図書館系統情報共有サイトのこと。国内の図書館と関連する利用者を対象に送られてきたメールを利用し、相互間の新たな消息と各種情報を迅速に共有するように提供するメーリングサービスのこと。

第3節　図書館法施行令改正(案)の問題点

李貞洙：地方で勤務する司書に文書が届いていない場合もあり、図書館メーリングリストでは盛り上がっていましたが、これを見ていない司書もたくさんいます。特に、公共図書館のように一般職公務員が多い組織は、団体行動をやりにくい事情があります。ソウル図書館でも、職員が「館長、我々とは関係ありません」と、こんなふうに言うのです。なぜなら、うちの図書館はすでに登録済みで、職員も十二分とはいかないまでも、ある程度人員が補充されているので、司書の問題は、自分たちとは関係ないことだと思っているのです。

　そこで、私が「なぜ関係がないのですか？　誰かが定年退職した時に、文体部が提案している制度改革案によると、人員補充をしなくても差し支えないことになる」、さらに「司書職で補充すべきところをそうしてくれなかったらどうするのか」と、身近な問題として反論すると、「あぁ、なるほど」と納得してくれました。図書館職員はおおむね雰囲気は理解してはいるものの、とりわけ、ソウル、京畿道などでは、討論会を開いて、全体的に動く構造的な環境があったようです。

司会：図書館界では司書配置制度改正案に対して、多くの方々が反対していますね？　司書全員の協議会はあるのですか？

宋承燮：本来は韓国図書館協会で、その役割を担わなければなりません。ソウル市公共図書館協議会と京畿道司書協議会が乗り出すことになったのです。

金敏周：図書館では団体行動をしたことがありますか？

李貞洙：数回あります。図書館を生涯学習館という名称に変えようとしたことがありました。図書館法に「館長は司書の中から任じる」という規定があるのですが、行政職を館長にするために生涯学習館に変えようとしたのです。これに対して司書が立ち上がりました。また、最近では、ソウル図書館を市の直営から財団による運営にしようとした時に、教育庁の司書が中心になって阻止した事例があります。

宋承燮：法的に見ると、1991年に文化体育部へ図書館政策全般が移管され、

ようやく図書館が文化機関として認められることになりました。

司会：それまではどの部署で担当していたのですか？

李貞洙：教育部（省）の管轄でした。

宋承燮：1994年、図書館法に初めて「図書館館長は司書の中から任命しなければならない」という規定が追加されました。そのため、ソウル市は市立図書館のうち4館を「生涯学習館」に変えました。生涯学習館となれば、行政職が館長になることができるからです。悪知恵を働かせて、規定を逆手に取ったのでしょう。

夫吉萬：国会図書館は、司書が館長をやったことは一度もありませんよね？

宋承燮：前館長は文献情報学科の元教授でしたが、今の野党が専門職から館長を選ぶという合意事項を反故にして、非専門職の現館長を強引に押し込んだのです。

司会：大学の文献情報学科の教授らも同じような意見のようですが。

宋承燮：そのとおりです。大学図書館振興法の影響がありました。1年間に4年制と2年制大学の文献情報学科の卒業生が2000人以上もいますが、正規職として就業できるのは約100人、そして非正規職が100人ほど、残りはアルバイトという状況なので、就職難が極めて深刻なものになっています。

司会：残りの学生は、どこに就職するのですか？

李貞洙：公務員試験の準備をする人が多いと思います。

宋承燮：私たちの職種だけでなく、在学生のクラスのほぼ全員が公務員試験組です。だから、人文学系の人が社会に入り込む余地はほとんどありません。

第3節　図書館法施行令改正（案）の問題点

司会：司書になるには、どんな資格が必要ですか？

宋承瑩：4年制大学の文献情報学科を卒業すると、正司書2級の資格が取得でき、この資格を持つ卒業生が毎年2000人以上も社会に出ているのです。

李貞洙：現在、司書資格の所有者は9万人近くですが、実際に職場で司書として働いているのは1万3000人ほどです。

宋承瑩：学校図書館の問題も重要だと思うのは、小学・中学・高校が1万1000校もありますから、各校で司書を1人ずつ採用するだけでも、1万1000人が就職先を得ることになりますね。

李貞洙：学校図書館の場合も、現在約700名が正規職の司書教師で、残りの5000名ほどは有期契約などの非正規の司書（司書教師ではない）です。また、50％近い学校図書館が、司書教師や司書の資格を持たない父兄や教師が兼務しています。

金敏周：私は、読み手であると同時に書き手として図書館を利用していますが、こうした話を聞くと気持ちが暗くなりますね。

李貞洙：私たち自身も政策的な成果評価をきちんとしなければなりませんが、それを4年前や10年前にやった時と、まったく変わりがなかったのです。成果についての点検や環境変化に対して図書館がどんな役割を果たすのか、特にソウル図書館はソウル市の代表的な図書館として、公共図書館としての機能から政策的な機能まで重責を担っていますが、私たちの内部でもきちんと検討してみる必要があります。公共図書館の人的構成にかかわる問題を取り上げてきましたが、実際にどうやって市民に喜んでもらえるサービスを提供するのかというのは頭の痛い問題です。

　ニワトリが先か卵が先かのような問題かもしれませんが、できる状況でもやる意思がなかったのか、を含めて反省しなけばなりませんね。

　新期の職員を採用すると、大学で学んだことと違うと言われます。大学では

141

情報が重要で、本を分類して目録化することが大切だと学んで就職したのに、現場では図書館を訪ねる市民の相手をして、その人々の要望を聞いてあげなければならない。だが、それに応じるには力不足なのです。自分は一生懸命勉強して社会に出たのに、図書館を訪ねてくるおばさんたちの相手をして、読書についての話をしなければならない。しかし、本やコンテンツのことはよく知らないので、もっと理解を深めなければならないし、頼みごとにも対応しなければならない……。現場はこんな状況なので、新人の司書は戸惑うばかりです。

金敏周：私もよくソウル図書館で、本を読んだり借りたりしています。私が職員と接するのは貸出しの時ぐらいのものですが、「面白い本を推薦してください」などと聞く人はいませんか？　利用者が司書と交流するチャネルがあるとすれば、それはどんなものでしょうか？

李貞洙：閲覧室にいる司書は、レファレンスサービスをしなければなりません。図書館に来た人々からの、一番多い質問が何かわかりますか？「トイレはどこですか？」なんです（一斉に笑）。

　自宅界隈の図書館によく通っておられる方は、ほとんどの方が司書を活用することがありません。図書館不安症（Library Anxiety）と言われますが、図書館に初めて訪ねた人は、よそよそしく感じるかもしれませんね。図書館が権威的で、人々に親近感を感じさせない。案内表示板やそのほかのものが、来場者に質問をためらわせ、自分が知りたいことがあっても聞かずに済ませる空気もあります。

　また、図書館職員に聞いても知らないのです。なぜなら、経験豊富な古参の司書は事務室で企画案をつくったり、公募事業の計画書を書くのに忙しくて、閲覧室には非正規職の司書、ボランティア、公益勤務要員しかいないからです。利用者は彼らを司書だと思い込んで尋ねているのです。そんな状態なので、あそこの図書館の司書は使えない、聞いてもわからない、ということになり、利用者もそれ以上は尋ねないようになります。

　その結果、利用者の図書館満足度が低下するというように、悪循環を繰り返すことになるのです。図書館が「司書にお尋ねください」という案内板を掲示していても、「利用者は何を尋ねたらいいのか、わからない」状態なのです。

ソウル図書館は政策図書館なので、専門的な情報が必要な方が見えて、気になる資料について司書に質問することもあります。

　私が区立図書館で働いていた頃、学習漫画に対して否定的な意見を持つ母親が、子どもを図書館に連れて来ないで、自分が選んだ本を借りて子どもに読ませるといる事例。また、子ども閲覧室にある本を、全部自分の子どもに読ませようと考えている親御さんが、001番から順番に本を借りていく人がいました。ところが本が増えると司書が本を移動することもありますから、途中で本の順序が変わってしまいます。それに対して「何で本の順序を変更したのか」と苦情を言われたことがありました。それぐらい図書館の活用が未熟で、図書館を信頼していないこともあるのです。

宋承燮：司書のスキルアップ問題と関連しますが、一般公務員の場合、常時学習時間が年間100時間あります。100時間の教育を必ず受けなければならないのです。ところが、通常、司書はその教育を受けることができません。仕事が忙しいからです。十分な教育を受けられなければ、惰性に流された働き方をするしかないのです。私が館長をしていた頃に経験したことですが、人によっては公益要員やアルバイト学生が、職員よりも優れていることもありました。

　その公益要員は、ニューヨーク大学出身でした。だから外国人とも対話ができるし、レファレンスサービスもできるので、図書館の雰囲気がとても良くなりました。このような事例は非常にまれですが……。

　また、最近の学生はパワーポイントやエクセルなどのオフィスプログラムを上手に使いこなします。だから一定の業務をやらせてみると、職員よりもアルバイト学生のほうが仕事の処理が速く、よくできるケースもあります。

　こうしたことは、職員の再教育が適切になされていないので、これからも起きるのかもしれません。司書のスキルアップのためには、まず職員の欠員が生じないようにしなければならない。そうすれば教育をすることができるし、再教育によって司書の実力がアップし、図書館サービスの質の向上につながると思います。良質なサービスの提供は、市民の成長にも役立ち、民主社会としての力量が強化されて文化大国への道が開かれるのに、その出鼻をくじく出来事が起きているのです。多くの方が言います。外国では就職、起業、経営関連サービスなどの資料を図書館が豊富に提供しており、そのようなプログラムが

■ 第4章　図書館はどう変わるのか

多種多様にある。だから起業のスタート・アップだとか、求職に関する各種情報を図書館で入手できる、こうした活動を図書館で全部やってくれるので、図書館が地域社会の求心点で、要になっていると。

金敏周：韓国ではあまりにも、書籍中心のに図書館文化が定着しているようです。図書館は大いに変化しなければならないのに、現在の人事組織のために、書籍中心にならざるを得ないのではないですか？

李貞洙：そんなことはありません。2016年時点で公共図書館は1010館ほどあります。宋承燮さんも言われましたが、図書館数の伸びに対して、司書数や蔵書数は増えてはいません。かつては本を買ってもらえないので図書館が読書室の機能を果たしていたように、今は図書館の情報サービスよりも、カルチャーセンターのような機能を求められています。

　図書館法によると、図書館資料として印刷資料だけに固執しているわけではありません。さまざまなビデオ資料、地図、絵画なども図書館資料ですが、読書文化振興法では、印刷資料だけを読書の対象に規定しています。読書という概念が映像、書籍などによって人々がリテラシーを解決し、自ら正確な情報を得ることができるようにする役割を果たさねばならないのに、現実的には無理なので、空間、コミュニティという方向に向かっているのでしょう。

　読書というものが、情報提供の次元での読書というよりも、子どもの学習、興味、余暇といった側面から接近するので、自分が必要な情報を得るために図書館に行くというよりは、休憩時間に、あるいは勉強しに図書館に行ったり、カルチャーセンターのように講義を聴きに行くとか、そんな感じですね。

　朴槿恵政権では「人文精神文化課」をつくり、「人文精神」を強調していましたが、人文学の図書に対する需要よりは、講義を聴いて答えをその場で得るような形態に向かいつつあったので、図書館を引き続き情報サービスを受ける機関として考えるのは構造的に限界があると思います。

144

> **第 4 節**

図書館はいかなる空間であるべきか
──岐路に立つ図書館の理想とは──

司会：次のテーマに移りたい思います。先ほど、お話にあった「図書館がどのような空間であるべきか」という点について考えてみたいと思います。李貞洙さんはどのように考えておられますか？

李貞洙：図書館は公共性を持つ機関です。だから、みんなの空間ですが、特定の誰かのものではありません。みんな自分が望む目的のために利用できるようにしなければなりません。勉強するために読書室を利用する人、情報が必要な人、寂しさを紛らわせる空間、ヒーリング[注6]のできる空間など、動機は人によりさまざまですが、本や情報で集約しなければなりません。そして、そうなるには図書館の役割を変えることです。文化体育観光部長官に都鍾煥氏が就任されると同時に、組織改編を行って、図書館政策企画団を「地域文化政策官」の下に置きました[注7]。

　私はこの前の日曜日（2017 年 9 月 17 日）に、国会議員会館で開かれた「都市再生」をテーマとする討論会に参加して質問をしました。出版と読書を一つにまとめて「出版印刷読書振興課」に、そして、図書館は地域文化政策官の所属に分けられたので、今後、図書館は出版や読書と切り離されて図書館政策がどのように変わるのか懸念していると述べたのです。期待した回答を得ること

---

* 注 6　ヒーリング（healing）とは「治療する、癒す、回復する」の意。
* 注 7　文化体育観光部は、2017 年 8 月 29 日に組織改編を断行した。第 1 次官の所属に、文化芸術政策室を設け、地域文化政策官内に地域文化政策課、文化基盤課、図書館政策企画団を置いた。また、第 1 次官の所属にメディア政策局を設け、メディア政策課、放送映像広告課、出版印刷読書振興課を置いている。

はできませんでしたが、私が思うに、基礎単位の公共図書館（町村にある図書館）は地域密着型として、地域住民が日常の問題を解決することができる空間になるべきであり、広域的に基礎単位の図書館がきちんと運営できるように支援したり、もう少し専門的なサービスを行い、国は図書館政策の方向性を指示してくれる役割を果たすべきだと思います。図書館は設立主体がどこか、そして、どこにあるかによって空間での役割が異なるべきなのです。

宋承燮：私は、2016年に佐賀県の武雄市立図書館を訪ねてきました。そして「武雄市立図書館は図書館の未来か？」という議題で討論をしました。

最近、開館されたCOEXの「星の広場図書館」（**写真4-3**）も、この図書館の延長線上にあります。「星の広場図書館」は一種のビジネススペースですね。集客効果を高めることによって少しでも関連の営業利益を上げることを目的につくられた空間ですが、図書館という名前で呼ばれてはいるものの、司書も配置していないし、図書分類もいい加減でした。だから、図書館関係者は批判的な意見を述べていました。

当然の指摘ですが、私は少し違う視点から考えてみました。図書館は学習空間ではありますが、考え方によっては恋人同士が語り合うことのできる空間であったり、単に休息空間であったりもします。ともかく、空間概念から考えると、魅力的で特別な経験をすることができる空間であるべきだと思います。

私は、情報文化史を大学で教えながら、文明以前に関する文献を探していて原始美術を見る機会に恵まれました。そこに握斧というものが出てきます。こ

写真4-3　COEXビル内に設けられた「星の広場図書館」

れは 180 万年前のもので、もともとの目的は切ったり、剥いだり、突いたりするものですが、発掘された握斧を見ると、きちんと左右対称になっていてとても見事です。1 万年前に現れた櫛目文土器の場合も、穀物の貯蔵のために地下に埋めておいたものですが、それを見ると爪模様、三角模様、魚骨模様などとさまざまです。実際には斧や土器の形をつくり模様を描くことに、思いのほか多くの時間を費やしたのだろうと思います。

そうすると、何かを切ったり、貯蔵したりする機能よりも、装飾が本質的な用途だったのではないかと思いもします。武雄市立図書館や「星の広場図書館」の装飾性、物神性に対して酷評する人もいますが、人類は太古の昔から装飾や審美的要素に、より魅力を感じて心を惹かれてきたのではないでしょうか。

人類の DNA に組み込まれているのかもしれません。ところが、我々があまりにも図書館の実用的機能だけを重視した結果、美的側面をなおざりしたのではないでしょうか。もちろん、最近は大いに変わりましたが、そのような観点から、図書館界は「星の広場図書館」を見ながら反省すべきであり、けなしてばかりいるのは誤りだと思います。だから、我々の図書館ももう少し魅力的で、特別な経験をすることのできる空間になったらよろしいのではないでしょうか。

夫吉萬：宋承爕さんが有益なお話をしてくださいましたが、もともと文化の「文」の意味は、「紋様」から生まれたそうです。文化というのは、衣食住のほかにそれを越える世界をつくることを意味します。そして、同じ衣食住であっても、それらをどれほど美しくつくり上げるか、家も単に雨風を防ぐだけでなく美的につくるか、服装も同じです。こうした文化を端的に表現しているのが書物だと思います。だから、本が与える力を図書館で見せる役割を果たすべきでしょうね。

このように考えると、私たちの社会で最も重要なものは文化ですが、それは金九先生[注8] が言われたように、自己と他者すべてを幸せにしてくれる力だと言えます。

しかし、韓国国民の幸福だと感じている人の割合がとても少ないと発表され

---

*注8　金 九（キム・グ、1876 年生まれ）氏は、独立運動家として有名。韓国独立党党首。韓人愛国団を率い上海大韓民国臨時政府主席を務め、1949 年に暗殺されたが、1962 年、建国勲章大韓民国勲章を追叙される。

■ 第4章　図書館はどう変わるのか

ています。昨年3月にアメリカのギャラップが調査した韓国人の幸福度指数は、143か国のうち118位と最下位圏にとどまっています。特に、中学生の幸福度はより深刻です。OECDの調査によると、15歳の生徒の幸福度指数調査で、韓国は72か国のうち71位という結果でした。戦争が起きているトルコに次いで幸福度指数が低いのです。幸福度指数をどうやって高めるか、それには文化しかないと思います。文化を最も表現できる空間が図書館なのです。

だから、韓国の幸福度指数を高めてくれる空間としての図書館をつくらなければならない。さらに、韓国の自殺率は過去最高です。ストレスを受けて、一方ではそのはけ口として暴力をふるい、他方ではそれに押しつぶされて自ら命を絶ったりしています。

こうした問題を解決するには、経済と政治だけでは限界があります。本当は大統領選挙の公約で、このような問題をどうやって解決するか表明すべきです。国民、学生の幸福度指数をどうやって高くするかという公約です。学生の自殺率と共に高いのが高齢者の自殺率です。高齢者の自殺問題をどう解決するか。私は、これも文化で解決するしかないと思います。そうなると、とどまるところ、読書と書物ということになりますが、「自己と他者のすべてを幸福にする」ことを目指して、図書館で本を一緒に読むこともできるし、国もこうした取り組みに対して政策的経費の使用を認めるべきでしょう。

2017年9月に、作家の馬光洙教授[注9]が自殺されましたね。馬教授は亡くなる日の12時に、友人に「私はとてもつらい、すぐに来てくれ」と電話したそうです。ところが、その友人が3時に駆けつけると、すでに1時に亡くなっていたのです。電話を受けてすぐに友人が駆けつけていたら、死なずに済んだでしょうに、気の毒な話です。もちろん、成人よりもっと深刻なのは青少年の自殺ですが、我々は読書を一緒にやるプログラムを通じて、このような問題の解決に努めなければなりません。

また、職場で重責を担っていた有能な方々が、退職後は手持ち無沙汰で困っているようです。要は自分の能力を発揮できる場がないということですが、このような方々を、社会で、とりわけ図書館でうまく活用できたらいいと思いますね。図書館で高齢者が一緒に本を読んだり、自叙伝を書いたりするプログラ

---

*注9　馬光洙（マ・クァンス、1951～2017年）は、延世大学教授。ソウル特別市の出身の小説家、代表作に『楽しいサラ』『狂馬日記』などがある。

ムをもっと増やすべきだと思います。中学・高校生の場合も同じです。

さらに、専門家グループが、図書館を上手に活用できるようにアドバイスすべきだと思います。私は、論文を書く時に国会図書館や中央図書館によく行きますが、司書の方々に大変お世話になっています。修士課程や博士課程の院生でも、関連情報をどんなふうに検索して論文を探すのかをよく知らないのです。だから、研究者にも図書館を活用する方法を教えてあげる必要があります。キーワードをどんなふうに使用して検索し、請求記号がどんなふうに使われているのか、司書からどんな援助を受けられるのかなど、専門家のための図書館活用法について、図書館はもっと PR をしたほうがよろしいと思います。

金敏周：私は 2016 年に『創造的学習社会』（日本訳版『スティグリッツのラーニング・ソサイエティ』東洋経済新報社刊）を翻訳しました。著者のジョセフ・スティグリッツ・コロンビア大学教授は、情報の非対称性の結果に関する研究でノーベル経済学賞を受賞した著名な学者ですが、この本は経済学者の観点から、学習をどんなふうにしたら知識社会に到達できるかを、私たちに助言してくれる本です。

彼は、まず教育（Education）と学習（Learning）をはっきり区別して、「教育というのは供給者の観点から知識を与えるもので、学校がその代表的なものだ」「今や教育の時代は終焉を迎えつつあり、個人主導的学習、すなわち供給中心ではない」「需要の観点からの学習社会がずっと拡大するだろう」と語り、「学習社会が順調に拡散するためには政府が政策を用いなければならない」と述べています。

これがこの本の核心メッセージですが、私が思うに、図書館はラーニングの核心ポイントになると思います。実際に以前からそうだったし、我々が図書館に行って勉強したり本を読んだりするのも全部ラーニングです。だから、図書館は需要者の観点に立った個人中心の空間だということを強調すべきです。

書物は個人が情報を得る一つの方法であり、それ以外の方法もたくさんあります。さっきの仕事を探すことも、個人の観点からはとても大事なことです。なぜなら、仕事を手に入れるために本を探しに図書館に行くからです。図書館は職業に関する豊富な情報があるにもかかわらず、それを探そうとしていないということじゃないですか。だから、図書館が学習の拠点だということを、本

はもちろん、多種多様な膨大な量の情報を提供してもらえる場所だということを、もっと強調したほうがよろしいと思います。

李貞洙：そうですね。過去5年を振り返って成果評価をしながら、これからソウル図書館をはじめ、公共図書館がいかなるサービスを提供すべきかについて、職員とスタディーを始めています。外部に研究サービスという形で、政策の案をつくってくれたら職員の仕事が楽になると思いますが、私はそのような方法を採らずに、職員と引き続きスタディーをしていくつもりです。なぜなら、誰かが与えてくれた政策は、自分が必死に考えて、ようやくつくったものとは違うからです。

　だから、一応、成果志向的に仕事はしますが、自分の苦心の作とも言える政策、本当に自分がやりたい仕事をする時とは意気込みからして違います。ちなみに、私どもの職員は金敏周さんが言われたように、「これからの人生100歳時代に、自分の図書館だけでなく公共図書館がやるべき仕事は、個々人が望む情報サービスを提供することなのだ。利用者の知的力量を高めてあげたり、学習する上で必要となる情報を提供することだ」と申しておりました。

　書籍文化生態系を考えてみると、以前は著者、読者、書店、出版社など、それぞれの領域が明確に区分されていました。しかし、今は著者と読者が入り交じって、著者でありながら読者であったり、書店が図書館を目指して、大きなテーブルを置いて本を読ませたり、著者の講演会を聞いたりしています。そのうえ、出版社まで図書館を目指してブック・カフェを運営したりする状況ですが、それでは図書館は何をしなければならないのか、こんな疑問が湧いてきます。

　図書館が書籍文化生態系のもとで生き残るために、どのように変わるべきかで悩んでいます。図書館利用者の立場から考えると、権威的で暗くて何か堅苦しくて面倒な、いちいち会員手続きをしなければならなかったり、身分証明をする必要とか、ペナルティがあったりなど、こうしたことが人々を図書館から遠ざけています。武雄市立図書館や「星の広場図書館」は、文化を楽しむ空間で知的欲求を満たして、自分が何かを享受していると感じさせますが、図書館にはそれがないことの反証かもしれません。それでは、図書館が生き残るためにどのように変わるべきか。図書館ができなかったことをやるべきだと思います。これから図書館が生き残る方法は、図書館がなし得る固有の領域を見つけ

ることしかないでしょうね。

金敏周：私は南山図書館で本を借りたりしますが、最近カフェができて雰囲気が変わりました。以前は図書館に行くと、かしこまっていなければならなかったのですが、もう少し気楽に休める空間になってほしいと思います。

司会：金明淑さん、利用者の視点からいかがでしょうか？

金明淑：そうですね。私は出版社を運営する立場でもあり、かつ公共図書館の利用者のひとりですが、書籍文化生態系が大型書店中心になっていく中で、キュレーション機能 *注10 が失われつつあることについてお話ししたいと思います。読者は、大型書店に行くと販促とも知らずに、本が山積みになっているのを見ると、その本が優れた本であると考えがちです。このような問題は、熱心に本をつくっている人々に疎外感、無力感を感じさせます。本は、著者と編集者が丹精込めてつくるものですが、どうしても販促広告に押されています。資金を持った出版社がベストセラーと似通った本を制作して販売キャンペーンをやり、書店ばかりか図書館までそれに取り込まれて、ベストセラーを中心とするキュレーションをしているのでは、書籍文化生態系の多様性が失われてしまいます。

　本来、知識を分類する機能を拡大しなければならない図書館が、専門司書が不足しているために、それがままならない現実が歯がゆくてなりません。図書館できちんとしたキュレーション機能を果たすために、司書をたくさん配置し、サービスに努めていただきたいと思います。そして図書館は、みんなが「今日はどこに行こうか？」と思案した時に思い浮かぶ場所にならねばならないと思います。著者と読者を結び付けてくれる図書館の役割がとても重要でしょうね。

　ところで、私は地方で書店回りをしながら営業を学びました。今では本の納品は誰でもできるようになっています。学校の前にある精肉店が図書館に本を納品する例を見ながら、図書館に本を納品する企業は、本に関する専門性を

＊注10　キュレーションとは、さまざまな情報を収集しまとめること。または収集した情報を分類し、つなぎ合わせて新しい情報として価値を持たせて共有することを言う。

■ 第4章　図書館はどう変わるのか

持っている企業がやらねばならないと思うのですが、図書館の立場からはどうでしょうか？

李貞洙：図書定価制になってから、公共図書館や学校図書館に納品するためにペーパーカンパニーを設立したり、ガソリンスタンドが書店だと申告するなどの弊害が生まれました。それで、ソウル市は、市内にあるオフライン書店の全数調査を実施しています。年末には結果が出ますが、それをベースにソウル型の書店認証を行う予定です。認証された書店から公共図書館などの機関が図書を購入したら、地域書店の活性化にもなり、不適切な企業の納品で被害を受けるケースを防止できると思います。

宋承燮：新資本主義経済の体制下では起こり得ることでしょう。もちろん望ましいことではないとは思いますが……。

金敏周：最近、第4次産業革命 *注11 が社会的争点になっていますが、これと関連づけて司書の役割について考えてみましょう。ある人がこの革命に関心を持って、関連する本を読みたいが、本があまりにも多いので相互比較することもできない。インターネット上の書評にしても、信憑性に欠ける点がある。そこで、図書館に来て、司書に、第4次産業革命に関する本を推薦してほしいと申し出ました。さて、司書がこの要望に応えることができるでしょうか？

李貞洙：テーマ専門の司書がいてその役割を果たすべきですが、実際には専門分野を設けていないので、要望に応えることはできません。だから、テーマ専門司書制度による特化専門図書館の必要性が提唱されています。しかし、構造的にこの問題も図書館が行政的な枠から抜け出さない限り不可能です。一般公務員のように2年程度勤務して他の部署に異動するのでは、専門性を生かせる道はありません。そこで、1か所にとどまって長い間専門分野を掘り下げ、個人的にも政策的にも、司書の力量を強化する基盤を築かねばならないのです

＊注11　第4次産業革命とは、18世紀末以降の水力や蒸気機関の活用である第1次産業革命、20世紀初頭の分業に基づく電力を用いた大量生産である第2次産業革命、1970年代初頭からの電子工学や情報技術を用いたオートメーション化である第3次産業革命に続く、ITを活用した飛躍的な技術革新を指す。

第4節　図書館はいかなる空間であるべきか

が、現在は司書個人の努力に期待するしかない状況です。

　私が、アメリカのある図書館に行った時に会った司書は漫画の専門家で、司書室が漫画本であふれかえっていました。その人が司書になれたのは、本人の努力もあったからでしょうが、その希望が実現するように、政策的システムのバックアップがあったからです。図書館司書も一般公務員と同じように異動があります。教育庁の場合、22か所の図書館内の範囲で異動をしますが、A図書館の児童閲覧室にいる司書が、B図書館の児童閲覧室に異動するならいいのですが、そうなるケースはほとんどありません。こんなことをしていては、いつまで経っても、司書が専門性に磨きをかけることはできませんね。

金敏周：私は、すべての司書が第4次産業革命の専門家とは限らないので、誰かが、この課題に関する図書について問い合わせたとします。その場合、応対した司書がわからなかったら、仲間の司書の中に、専門家がいるでしょうから、連携プレーによるサービスが必要になると思います。

李貞洙：そのようなサービスは行っています。司書だけでなく、外部の専門家の協力も得るようにもしています。

宋承燮：それが図書館学から文献情報学に名前が変わった理由のようですね。実は法学専門図書館、医学専門図書館などの一部の大学図書館は、早期に専門情報サービス業務を始めました。実施されていないのが公共図書館です。アメリカの公共図書館で、このようなテーマ専門司書制度が可能な理由は、司書になるには、大学の学部を卒業して大学院の修士課程を終えなければならないからで、司書には、それぞれに自分の専門分野があります。

　また、アメリカの大学図書館の場合、6～7年目に終身職の司書試験があります。論文も書き、教授とプロジェクトを組みながら専門司書に成長していくのです。このようなことができないので、公共図書館に行く司書もいるそうです。ともかく、公共図書館で完璧なサービスを提供することは難しいとはいえ、アメリカには制度としてテーマごとの専門司書がいます。だから、我々も国立中央図書館で、司書を対象にした教育をしていますが、テーマ別専門司書サービスを、初級、中級、上級課程の3段階に定めています。

153

第4章　図書館はどう変わるのか

第5節

書籍文化生態系と図書館
──優れた司書のいない立派な図書館はない──

司会：図書館を利用する市民として、司書の役割をとても重要だと考えています。日本のある書店の事例ですが、書店のホームページに、職員の写真、名前とともに、どんな本が好きで、どんな本を読んでいるかといったコメントも付けて掲示していました。そうすると、読者が本を購入する時に、自分の意向とリンクする職員に問い合わせれば、自分の必要とする本を推薦してもらえるからです。我々の図書館でもホームページで、誰が司書で、どんな分野が専門で、どんな本を読んでいるかを知らせるようにすれば、図書館の利用者がもっと気軽に図書館を利用し、司書をより身近に感じるのではないでしょうか。

夫吉萬：以前、私たちは出版を中心に据えて、「企画をどうするか」「どんなふうにつくるのか」という点に力を入れてきました。しかし、本をつくるのも大事なのですが、今やつくった本をどう活用するかが課題になっています。

　先ほど金敏周さんが言われたように、ラーニングが核心であることを念頭に置いて、個人の能力を育て上げることを考えなければなりません。その意味で、図書館と出版社が頻繁に相互交流する必要があると思います。

　出版社では新しいアイデアが必要ですが、読者のいる現場に常に足を運んでいるわけではないし、頭の中で企画を練ったとしても限界があります。出版社としては本好きな人々のニーズが、何かを知る必要がありますが、それを最もよく知っているのは、書籍文化の現場で、読者に接する機会が多い書店と図書館でしょう。図書館は、読者がどんな本を求めているかを知っているのですが、このような情報を出版社に教えて、出版企画の方向を提示してあげる。そ

154

して出版界は、本を企画して制作する過程を、図書館司書に伝える交流が必要だと思います。

金明淑：図書館利用者が図書館にやってくると、どんなキーワードをたくさん検索するのか、このような資料に基づいて、出版社で出版過程につなげていけたらいいですね。

夫吉萬：国家発展の観点から韓国が必要とする本があるのに、いまだに出ていない本もあると思います。同様に、図書館を利用する読者のニーズがあるにもかかわらず、いまだに国内で刊行されていない本もあるでしょう。このような国家的必要性や読者のニーズが出版に反映できるシステムも求められています。そこで図書館が果たす役割が重要になってくるのです。

金明淑：私は出版社の人間として、『出版ジャーナル』の読者として、毎号掲載の「編集者企画ノート」がとても有益です。本をつくり終えると本当に話したいことがいっぱいありますが、『出版ジャーナル』がその機会を提供してくれました。出版社としても図書館に紹介したい本がたくさんありますが、その機会があまりありません。やはり、出版社と図書館のさらなる交流が必要ですね。

夫吉萬：私が思うに、図書館は国民的コンセンサスを形成することに鈍いような気がします。イシュー（課題）が起こってから登場するのではなく、図書館の機能と文化を日頃から知らせるべきです。『出版ジャーナル』や『読書経営』で司書を一人ひとり紹介して、国民的コンセンサスを得られたらいいですね。

司会：先ほど武雄市立図書館の話が出ましたが、韓国の図書館と海外の図書館の相違点と言いますか、海外の図書館から学ぶべき点があったらお話しください。

金敏周：私は、アメリカで勉強したので、そこで経験したことを紹介してみましょう。シアトルの近くにベルビュー（Bellevue）という都市がありますが、とても快適な街です。ベルビュー市立図書館に行きましたが、本当に素晴らしい建物で、館内のインテリアや設備も快適で、スタディールームを市民が借りて

一緒に学ぶことができます。まず、本を借りられる限度が韓国よりも多いのです。ソウル図書館はひとり3冊まで、南山図書館は6冊までで、最終水曜日だけは倍になります。

しかし、私のように一定のテーマに関する本を集中的に読みたいとか、スタディーしようとする者には、もっと多くの本が必要になりますが、規定以上を借りることはできません。個人的に最も不満に思っていることです。端的な例になりますが、ベルビュー市立図書館は無制限に本を借りることができるので、好きなだけ本を借りて読むことができました。

李貞洙：だから、ソウル図書館もこれから貸出冊数を増やしたり、正会員、準会員制度にして図書貸出制度を補完していくつもりです。

金敏周：ベルビュー市立図書館は、新刊図書の需要が多ければどんどん収集します。時間が経過し需要が減ったら、廃棄処分にするかもしれませんが、需要の多い本はたくさん買い揃えています。自分が借りたい本が全部貸出中だったら、図書館を利用したくないですからね。本の購入予算と関連することですが、貸出冊数や新刊図書の供給量の増加、スタディールームの空間などについて、韓国の図書館ももっと関心を持ってほしいと思います。

ところで、先日、安国洞のあるギャラリーに行ってみると、ネロティブ演劇といって、舞台ではなくギャラリーの空間を使った演劇をやっていました。それを観ながら、図書館でも本の本質を損なわない形で、人々に本の内容を紹介するさまざまなプログラムが運営されたら、と思いました。

夫吉萬：私はバークレー大学の図書館に行ったことがあります。英語や日本語の本を見るのが目的でしたが、この大学にアジア図書館がありました。韓国コーナーに行くと、韓国の大型図書館でも見たことのない図書資料が数多くありました。北朝鮮に関する本もたくさんあって驚きましたよ。

今は韓国にも多文化家族がたくさん増えています。だから、多文化に関する図書館が必要でしょうし、地方自治に向けて地域の重要性が見直されています。だから、地域ごとの特徴を持つ専門図書館が必要でしょう。我々の図書館も、さらに国際化する必要性があります。

宋承燮：アメリカでは北朝鮮の資料の入手がかなり容易です。韓国では、国情院の特殊資料指針と国家保安法第 7 条 5 項があるので入手は困難ですが、アメリカの図書館は、1950 年代以前の資料を展示したりしています。ちなみに、アメリカ、カナダ、イギリスなどに 30 名ほどの韓国学の専門司書がいますが、独島の表記も守っていました。直指（14 世紀の高麗の禅僧・白雲和尚景閑が禅の要諦を悟るに必要な内容を選んで 1372 年に著した仏教書の「白雲和尚抄録仏祖直指心体要節」のこと）を発見したり、朝鮮時代の書物を研究名目ではあれ、フランスから里帰りさせた朴ビョンソン博士などの韓国学専門の司書が、韓国学の拡散と交流に重要な役割を果たしています。韓国の韓国学司書が海外にどんどん進出できるように、政府レベルでの積極的な支援が必要でしょうね。

近代図書館の父と言われるガブリエル・ノーデ[注12]という方がいます。ルイ 14 世時代の 1600 年に生まれて 54 年に亡くなった方ですが、27 歳の時に『図書館設立に関する意見書』という本を著しています。これは最初の図書館学概論で、豊富なメッセージが書き記されています。私が注目したのは、「優れた司書のいない優れた図書館はない」という言葉です。

余談ですが、就職面接の際に、文献情報学を専攻した理由を尋ねると、たいてい「本が好きだから……」という答えが返ってきます。私は、「文献情報学を学ぶ者は、本より人を好きになるべきだ」と言っています。

夫吉萬さんが、「人文学」の「文」は「紋様」と言われましたが、人文学は、人を中心とした人間模様の動線です。だから、人間について学ぶことこそ、司書にとって大切なことだと話してあげるのです。こんなふうに司書とは何かといった話をしていますが、教壇での教えと現場はまったく異なります。

講義ではビッグデータだとか、第 4 次産業革命などのデジタル革命について語っていますが、図書館の現場にいる人々が、これらを体験することはできません。恒常的に予算は不足している、蔵書は増やさねばならない。施設は老朽化している、仕事の効率化の方策を見つけなければならない……。これが現場の実態なのです。だから、外国の図書館の事例も重要だし、韓国の優れた図書館の事例も貴重ですが、法的、制度的に司書が司書としての本領を発揮でき

＊注 12　ガブリエル・ノーデ（Gabriel Naude）はフランスの司書、学者。政治、宗教、歴史、超自然的現象など多くのテーマで文章を著した多作家。1627 年に書いた著書『図書館設立法（Advice on Establishing a Library）』は、図書館学に大きな影響を及ぼした。後にジュール・マザラン枢機卿の図書館を設立して、上記著書にある理論をすべて実践したと評価されている。

る基盤をつくることが最優先されねばならないと思います。

李貞洙：私は、もう少し実質的な話をしようと思います。スタディールームのような空間を設ける件については、私も同感です。一般市民が自主的に学んだり、サークル活動を行うためには多くの空間が必要ですが、ソウル図書館ですらそのような空間はありません。もし、仮に図書館にスタディールームをつくったとしても、市民が利用しやすいように、行政的な規制を少なくしなければならない。行政のやることをじっと眺めていると、すべてが不信から始まっているように思われます。

　図書館は行政の枠から抜け出さない限り、自由に市民にサービスを提供することはできないのでしょう。行政というものがあまりにも強力なせいで、現在、司書は、やりたくてもできない現実に直面しています。本も同様です。外国の図書館の場合、利用者に1年にわたって貸したり、1人当たり30冊も貸したりしています。

　需要が多い本をたくさん収集して、貸すことができればよろしいのですが、行政的に見ると、図書館の本は図書館の資産です。廃棄規定に基づいて蔵書の点検を行って廃棄するには、図書館を閉館して集中的にやる必要があるのですが、そのような時間はありません。廃棄するために目録を作成すると、行政側が金を払って購入したのに、なぜ廃棄するのかと指摘します。なぜ廃棄をするのか、その根拠を示せと言うのです。そして、図書館では予算が不足しているので利用者がいくら大勢でも、同じ本を10冊、20冊と購入することはできません。

　基本的にすべての本は、1冊しか収集できない規定になっているからです。サービスをきちんと行うには、それに見合った人員配置が必要ですし、蔵書も十分に取り揃えなければならないのです。つまり、予算と人員ですが、この二つを無視して、図書館数を増やすことに汲々としている行政の姿勢は、今や見直すべきだと思います。人口が徐々に減少しているだけに、図書館の建設よりも、本をもっと購入し、司書の人員をさらに補強しなければなりません。そして、何よりも不必要な行政の規制を少なくすれば、図書館はその機能を果たすことができ、市民はより良い図書館文化を享受することができるでしょう。

宋承變：韓国の公共図書館には、研究図書館がありません。アメリカでは
ニューヨーク図書館やボストン図書館が、研究図書館の機能を担っています。
大学や専門図書館以外の図書館では、そのような機能を果たすことはできなく
なっています。

李貞洙：ソウル図書館は政策図書館ですが、政策研究をやる時間と構造がまま
ならない状態です。業務を見直して残った時間に研究しようということで、職
員の業務時間の短縮に努めています。研究図書館の必要性は切実なものです
が、とりあえず、ソウル市の図書館政策研究は、ソウル図書館がソウルを代表
する図書館ですから、当方がやらなければならないと考えています。

夫吉萬：国会図書館には立法調査官がいますね。ソウル図書館に市の図書館政
策を担当する権限がありますか？

李貞洙：ありませんね。ソウル市には専門官制度があって、専門官になれば、
1か所で5年間仕事をすることができます。政策担当を希望する職員は最後の
第四半期に専門官への転進を申し出るように言いました。そうなれば、その職
員は5年間ソウル図書館で、政策担当の専門官として働くことができるから
です。

夫吉萬：国会図書館の立法調査官も契約職になっています。海外や国内で博士
号を取得した専門家が大勢います。ソウル図書館もそうした人材を活用したら
いかがですか？

李貞洙：ソウル市長に提案してください。

夫吉萬：ソウル市図書館の予算は、市議会で決定するのですか？

李貞洙：はい。市議会には文化体育観光委員会があります。

夫吉萬：文化体育観光委員会の委員や市長と話す機会ができたらいいですね。

159

李貞洙：現在、中長期計画をつくっているので、間もなく草案が提出されると思います。その案について、各領域別に公聴会を開いて専門家と市民の意見集約をする予定です。その折にいらして意見を述べてください。

司会：最後に、書籍文化生態系の発展のために、図書館がどのように変わるべきか、皆さんのご意見を聞かせてください。

夫吉萬：私は、出版史の研究者として、図書館がとても重要であることを承知しております。しかし、それをわかっていない人が、図書館政策と予算を決めているのが問題だと思っています。

金敏周：私は、公共図書館がなぜ重要なのかについて、例を挙げてお話ししたいと思います。共産主義を芽生えさせたのは、ロンドンの大英博物館図書館でした。カール・マルクスは、『資本論』をこの図書館で書きましたが、ここは当時としては世界で最大・最新の図書館だったそうです。資料も多く収蔵していた。マルクスはロンドンに亡命していました。毎日のように図書館に通い詰めて『資本論』が誕生しました。公共図書館はそれだけ社会に影響力を持っていたということです。もう一つは、ある弁護士が英語で書かれた韓国に関する書籍を収集しています。それでブック・カフェをつくるつもりです。ソウル図書館は外国人がどれくらい資料を探しに来るのか気にしています。私は、外国人が韓国について知りたければソウル図書館に来ればいい、そんなポジショニングも大事だと思っています。

李貞洙：今、「公共図書館は重要である。大きな役割を持っている」という話がたくさん出ました。実際に図書館ではさまざまな仕事をしています。けれども、そのどれも人々にアピールできない理由は、多くの仕事をやろうとしたのに思い通りにいかないため、図書館の価値が人々にうまく伝わっていないのだと思います。図書館がやるべき仕事は無数にあって、政策的に解決しなければならないのですが、雲をつかむようなことではなく、現場のさまざまな問題点を反映したものになるには、司書がもっと声を上げる必要があるでしょうね。

第 5 節　書籍文化生態系と図書館

金敏周：私たちの周囲には、図書館を利用する方法を知らない方が多いようです。出版社も本をつくるだけでなく、読者が本に親しく接するようにする任務もあるわけですから、図書館について大いに関心を持つべきだと思います。

宋承變：図書館が地域文化の中心でなければならないとよく言いますね。図書館相互のネットワークはうまくいっていますが、学校、文化院、地域センターとの横のつながりが円滑ではなく、パートナーシップが足りないと思います。だから、協力モデルが必要という意見もよく出ますが、その通りだと思います。最近起きている「一つの図書館、1 冊読書」運動もよい例だし、さらなる事例としては、高陽市アルムヌリ図書館が主催した「高陽の書籍生態系を読む」というプログラムがあります。このプログラムに基づいて作家が図書館に行って市民と一緒に本を読んでから、書店に移動して本を買うという活動をしています。良い試みですが、問題はこれも公募事業だということです。だから、もう少し公的システムと結び付いた事例が増えてほしいですね。

　もう一つ、補足しておきたいのは、J・K・ローリングが『ハリー・ポッター』を書いてイギリス文化を世界に知らせることで財を成すに至った背景には、図書館があったということです。彼女は離婚後、ゴミ箱を漁って食べ物を探さなければならないほど貧しかったのですが、公共図書館に詩人として登録されていたおかげで、小説を書くことができる空間がありました。これは一例ですが、作家が好きなだけ本を読んだり作品を書くこともできる尊い権利を、国家が保証してくれたから、彼女も窮乏のさなかにあっても作品を書くことができたのであり、イギリスの誇る作家としてイギリス文化をあまねく広めるきっかけとなったのです。このような公的システムの形成が個々人の素晴らしい人生と書籍文化生態系の継続を可能にしてくれると思います。

司会：書籍文化生態系で図書館が中心になり得るし、読書の中心になり得ると思います。図書館と地域センターとの協力モデルが必要だという宋承變教授の提案を受けて、私が塩尻市立図書館に行った時の経験をお話ししたいと思います。

　この図書館は市民が気軽に訪ねることができるように 1、2 階は図書館で、3 階はビジネスセンター、4 階は住民センターになっていました。住民は図書館

■ 第4章　図書館はどう変わるのか

にやって来て交流したり、ビジネス関係の用件を済ませることもできます。

　図書館というものが静かで、本を読むだけの空間ではなく、にぎやかに会話したり、音楽を聴いたりできるコーナーを併設する空間であってこそ、みんなが気軽に訪ねて来るということです。図書館が誰でも気軽に来て、図書館文化を享有できる空間になれば、自然に本を読むようになると思います。図書館の重要性については、国民が知らなければならない事柄、図書館の統計なども国民に公開して図書館にもっと関心を持ってもらうようにしたらいいと思います。

金敏周：図書館司書の重要性を市民に知らせようとする場合に、歴史的に有名な人物の中で司書だった人を『出版ジャーナル』などに紹介するのもよろしいかと思います。周恩来 [注13] やカサノバ [注14] も司書を経験してきました。

　昔は、たくさんの本がある図書館に誰でも接近できたわけではありません。司書は、このような場所で本に親しく接することができたから、最新の知識を得て、自分の属する社会と異なる人々に多大な影響を与えることができたのではないでしょうか。

司会：この座談会で、書籍文化における図書館の機能、そして、司書の役割がどれほど重要かということがよくわかりました。司書の配置基準改正案についても図書館、一般市民に良い方向で解決されることを希望しています。

　長時間にわたる意見交換に協力してくださり、ありがとうございました。

---

* 注 13　周恩来（1898 ～ 1976 年）。中国の政治家。中華人民共和国が建国された 1949 年 10 月 1
　　　　日以来、死去するまで一貫して政務院総理・国務院総理（首相）を務めた。
* 注 14　カサノバ（Giovanni de Seingat Casanova）（1725 ～ 1798 年）は、マリー・アントワネッ
　　　　トの寵愛を受けたが、晩年にはボヘミアで旧友のヴァルトシュタインの司書をした。フランス
　　　　語で書いた『回想録』Memoirs 全 12 巻）がある。

くつろげる本の空間　ソウル図書館

　「ソウル図書館」は、2002年にオープンした比較的新しい公共図書館である。旧ソウル市庁舎の内部を改装してつくられたこの図書館は、受験勉強を目的とした学生でなくても、1日過ごすことができるような多角的空間になっている。まず目を引くのは、歴史資料館的な空間だ。市長室を再現した展示エリアでは、歴代のソウル市長の写真や、世界各国から寄贈された記念品などが一般公開されており、1988年のソウルオリンピックに関するパネルから、セウォル号の犠牲者を追悼する展示までを見学できる部屋もある。一方で、小さな子どもでも楽しめるような、立体アートの特別展示や、人気作家による講演会などの催しも行われており、市民が気軽に知性を楽しめる憩いの場としての役割も果たしている。

　本棚の横に広がる大階段に座り、くつろぎながら本を広げる人々の姿からも、韓国らしい活気を感じることができるだろう。　　　　　（渡辺麻士香）

江南COEXビル内にあるピョルマダン図書館

　韓国一のおしゃれスポット、江南COEX内にあるピョルマダン（星の広場）図書館。

　入り口がなく、360度どこからでも入れる開放的な空間でまず目を引くのは、天高くまで展示された本棚だ。

　「棚の上部にある本はどうやって取るのだろう？」という現実的な疑問はさておき、誰でも思わず写真を撮りたくなるフォトジェニックな本棚である。蔵書を見ると、図書館として利用するには物足りないように思うが、立地を生かした独自のスタイルは一見の価値があるだろう。近隣のオフィスで働くビジネスマンが広げたパソコンや、買い物に疲れた客が休憩するソファの傍らに、気軽に読める本がある。本を目的に集まった人のためだけではない、ふらっと気分転換に訪れた人たちのための図書館。活字離れが叫ばれる現代では、本を身近に感じることができるピョルマダン図書館のような憩いの空間が、まずは必要なのかもしれない。（渡辺麻士香）

第 4 章　図書館はどう変わるのか

韓国の本の街　坡州（パジュ）出版団地の概要

　正式名称は「坡州出版文化情報産業団地」という。「坡州出版都市」と呼ばれることもある。団地建設の推進役は出版社、印刷会社、流通会社、その他関連企業などで組織した事業協同組合（組合員 193 社）で、創設時の理事長は李起雄氏、図書出版悦話堂の代表者である。

　出版団地を訪れた者が、まず驚かされるのは 47 万坪（東京ドームの約33 倍）に達する広大な面積である。東西が 500 メートル、南北が 2000メートルもあって、全体を見渡してもどこまでが団地の範囲なのか見分けがつかないほどである。かつてこの地域一帯は「北朝鮮」に近いため、民間人の立ち入りが厳しく規制されていた。南北の緊張が緩和するに伴い、1988 年、当時の盧泰愚大統領が大規模な土地造成事業を許可し、出版団地の建設が可能となった。第 1 段階の工事は 2008 年に終えた。団地の基幹部分となる敷地 26 万 4800 坪に、組合員の社屋、組合施設、関連施設など 155 棟が完成している。現在は第 2 段階の工事が進行中。

(舘野晳)

韓国の本の街　坡州（パジュ）出版団地見学記

　韓国の「本の街」と言えば、国境付近にある坡州の出版団地である。遠くに北朝鮮、道路脇には有刺鉄線が見える統一路の車窓を眺め、少し緊張しながら現地に入ると、中は意外にも落ち着いた開放的な空間が広がっていた。日本の神保町のレトロな街並みとは違い、こちらはモデルハウスの展示場といったイメージで、ドラマや CM、雑誌の撮影場所としても有名だという。出版人の職場でありながら、本のイベントを目当てにやってくる家族連れ、またはロケ地巡りを目的とした観光客にも愛される、唯一無二の個性的な街である。

　敷地内の至る所にあるブック・カフェや、広々とした図書館を併設したセンター施設やホテルのロビーでは、都会の喧騒を離れた穏やかな読書体験を満喫することができる。春と秋に開催されるブックフェアは多くの人々でにぎわう名所にもなっている。

(渡辺麻土香)

164

第5章

書籍文化生態系の模索と対案 ⑤

地域出版の可能性を求めて

本章の内容

　『出版ジャーナル』503 号では、「地域出版の時代が来た」というテーマで特集座談会を進めました。

　2017 年 5 月 25 日〜 29 日に、済州道の漢挐図書館で「2017 済州、韓国地域図書展」が開かれ、続いて 2018 年 9 月 6 日〜 10 日に、水原行宮広場一帯で、「2018 水原、韓国地域図書展」が開催されました。この図書展は地域の出版関係者らが「地域出版文化雑誌連帯」を結成し、地域出版の価値を国民に知らせようと図書展を開いたもので、各方面から肯定的な評価が寄せられました。

　地域固有の文化を記録し、伝える役割の中心には地域出版社があります。しかし、これまで出版及び読書政策などの文化振興政策は、中央政府が主導し、ソウルを中心とする首都圏にある出版社のためのものでした。地域出版社が地域文化の先導役を果たすための政策が必要で、各地域で地域コンテンツの生産―流通―消費が円滑になされる地域出版生態系を築き上げていかねばなりません。このたびの座談会には、地域出版社の代表者をお招きし、地域出版の意味と、中央と地域の均衡ある発展のための方策を模索してみました。

第5章　地域出版の可能性を求めて

第1節

地域文化の時代がやって来た

金貞明（以下、司会）：地方分権時代の到来で地域出版に対する関心が高まっています。そこで「地域出版時代がやって来た」というテーマで、地域出版において重要な役割を担っている「韓国地域出版文化雑誌連帯（以下、韓地連）」会員社代表の方々と、地域出版の現在と未来を語り合いたいと思います。

黄豊年：私は光州広域市で書籍の出版と雑誌の発行をしています。以前は『全南日報』記者と『光州ドリーム』編集局長として働いていましたが、現在は月刊『全羅道ドットコム』と、図書出版全羅道ドットコムの編集長兼発行人で、「全羅道の暮らしと文化を記録する仕事」をしています。また、2017年からは「韓地連」を組織して、その代表者を務めています。

・座談会参加者
企画・編集・校正：鄭潤熙／『出版ジャーナル』代表・編集長
コメンテーター：夫吉萬／韓国出版学会顧問、韓国文化財委員会委員
コーディネーター：金貞明／新丘大学メディアコンテンツ科兼任教授

参加者：黄豊年／韓国地域出版文化雑誌連帯会長
　　　　チェ・ソヨン／ザ・ペーパー代表、水原地域雑誌『サイダー』発行人
　　　　權英蘭／晋州『ダンディニュース』前代表、作家
　　　　申重鉉／学而思代表
　　　　キム・ナソル／済州出版連帯事務局長、図書出版『談論』編集者

第 1 節　地域文化の時代がやって来た

チェ・ソヨン：私は水原で、地域雑誌『サイダー』を発行するザ・ペーパーを運営しています。済州で 2017 年 5 月に開催された「地域出版物展示図書展」の第 2 回目は 2018 年 9 月に水原で開催いたします。

權英蘭：私は慶尚南道の晋州で暮らしている作家です。以前は地域メディア『ダンディニュース』の編集長を務めていました。現在は新聞に「地域が中央に」というコラムを書いています。

申重鉉：私は大邱で 30 年間、出版社を経営しています。「学而思」の前身である理想社では、出版に従事していました。大邱印刷産業団地内にある「学而思」では、読書アカデミーを運営しています。

キム・ナソル：私は済州にある図書出版『談論』で編集者をしています。出版・編集の経験は十分ではありませんが、本と出版に対し、関心と愛情を持っています。今では、地域出版の仕事をしていますが、2016 年秋までは「地域出版」という言葉すら知りませんでした。けれども、縁あって 2017 年の「済州地域出版物展示会」の準備チームに弊社代表が加わることになり、私も会議に同席する中で、地域出版の意味、地域出版物展示図書展の趣旨に共感しました。この図書展の際には行政事務を担当し、図書展の準備と並行して発足した「済州出版人連帯」では、事務局長を務めています。

写真5-1　2018年9月水原で開催された「韓国地域図書展」展示会場

167

夫吉萬：私は現在、国の文化財委員会の委員をしていて、「韓地連」には、創立の当時から参加しています。

鄭潤熙：私は『出版ジャーナル』を発行しています。1987年7月に創刊した『出版ジャーナル』は、2017年9月号で通刊500号を迎えています。500号からは「書籍文化生態系の模索と対案」というテーマで、書籍文化の現場の声を盛り込んだ座談会を開催しています。韓国も各地域が中心となる地方自治が進んでいくべきだと思います。地方自治、地方分権において核心的な役割を果たす地域出版の現実と重要性について、この座談会で皆さんと共有できることをうれしく思っています。私は2017年10月に済州道議会が主催する「地域出版振興条例」制定のための専門家懇談会に参加しました。確かに、済州道が地方自治体の中で初めて出版振興条例を制定するのは、非常に意味深いことだと思います。しかし、まだ地域出版の現実は非常に厳しく危機的状況にあります。

司会：韓国の出版と読書は首都圏中心に動いていますね。日本でも同様の状況で、2016年現在、全国3434出版社のうち東京には2636社と、全体の77%を占めていて、千葉、埼玉、神奈川を含む首都圏と、大阪、京都、名古屋などの大都市圏を中心とした大都市集中型の産業構造が見られます。

　こうした構造の中で、30年前に地域出版の活性化のために、「地域出版物展示図書展」を始めた都市があります。1987年に「ブックインとっとり」と呼ばれる地域出版物展示図書展を始めました。鳥取県は日本の47都道府県の中で人口が少ない県で、2017年10月現在の人口は、56万5233人と、済州道と比べてもかなり少なく、東京都世田谷区の人口の3分の2程度です。

　しかし、地域の図書館設置率は100%で、地域出版運動が活発に展開されています。最初に「地域出版物展示図書展」を開催してから2017年で30年目になります。日本において鳥取県は、地域出版の中心地と言えるでしょう。

　2015年の「ブックインとっとり」に、「韓地連」の会員数名が訪問しましたが、それ以降は、韓国でも積極的に地域出版物展示図書展を開催し、2017年には第1回が開かれました。

「2017年 済州韓国地域出版物展示図書展」開催

　「2017年済州韓国地域出版物展示図書展」が5月25〜29日に、済州の漢挐図書館と済州道内のカフェなどで開催されました。国内各地の出版社が協力し、「韓国地域出版文化雑誌連帯」を立ち上げ、地域出版の価値を読者の理解を得ようと、地域出版物展示図書展を企画し、その第1回目を済州にて開催したのです。

　また、全国に先駆け、済州では出版産業の振興を図る「地域出版振興条例」の制定が進められています。済州道議会は、金泰錫（キム・テソク）議員（共に民主党）を中心に発議された「済州特別自治道の地域出版振興条例」制定案が済州道議会第358回臨時会に上程される予定です。条例案は地域の歴史、文化に関する記録を担う地域出版業の役割が、小さな印刷所程度に軽視されている現状に鑑み、活性化の足掛かりをつくる目的で発議されました。条例案によると、地域出版育成のため、道知事は5年ごとに「道地域出版振興計画」を樹立。毎年、関連事項の推進状況を、道議会所管の常任委員会に報告するものとし、併せて地域出版が地域文化振興に寄与するように、道地域出版審議委員会を構成・運営し、関連の製作・配布・広報事業などについて具体的な予算支援の根拠も明示することになりました。

写真5-2　2017年5月「済州韓国地域出版物展示図書展」

■ 第5章　地域出版の可能性を求めて

第2節

地域文化とは何か
──地域文化の定義──

司会：まずは「地域出版の定義」をしなければなりませんね。この座談会に参加されている夫吉萬さんが、2013年に韓国出版学会の研究分科会として「地域出版研究会」を立ち上げ、地域出版に関する提言をされたので、現在、研究が進展しています。学会の研究者が考える「地域出版の定義」と、実際に地方で出版活動をされている皆さんが考える「地域出版の定義」についてお話しください。

夫吉萬：地域の核心問題を出版と雑誌を通じて伝えているということで、定義をするにあたり、「地域出版」が持つ意味合いは非常に多彩だと思っています。地域は世界的な時代精神の流れでもあり、国家という観点で見れば、国の競争力を育てる核心です。これからこの社会が発展していくにあたり、本格的な地方分権を行いながら、細々とした市民の暮らしの中に入って行こうとすれば、地域の問題が議題の中心になるだろうし、地域文化が重要になります。その時「地域出版」は先導的な役割を果たすべきだと思います。

司会：そうですね。「韓地連」の代表である全羅道ドットコム代表の黄豊年さんはいかがでしょうか？

黄豊年：地域に根ざして生まれた地域の出版物を、「地域出版」と定義できますね。狭義の概念としては、地域の暮らし、文化、歴史などを記録した書物は「地域出版」と言うことができるでしょう。

チェ・ソヨン：地域出版の役割という点から考えれば、地域の出版社が集まり、交流する場がなかったように思われます。地域出版やローカルメディアは地域の人々が集まって、交流ができる議論の場であるべきですが、現状はまだそこまでは至っていませんね。

鄭潤熙：「地域」という概念を辞典で調べると、「一定に区画されたある範囲の土地、全体、社会をある特徴で分けた一定の空間領域」とあります。地域出版と言うと、首都圏の内と外に分けられますね。よく首都圏の外に対して「地方」という用語を使いますが、「地方出版」という用語は使いません。したがって地域出版は、そこがソウルでも済州道でも、本を出している出版社が「地域性」を帯びていれば、「地域出版」と定義することができ、中央政府と地方自治の概念で言えば、ソウル中心の中央政府よりは、地方自治体の範囲で出版している場合は「地域出版」と定義できると思います。

申重鉉：地域の出版社は自らが暮らしている地域固有の文化を記録して、保存する仕事をしなければなりません。地域の先輩たちが持っている、その地域だけのコンテンツが、都市化によって一瞬のうちに消え去ろうとしていますが、地域の方々が経験した多様な経験と文化などは、記録して保存すべきです。こうした仕事は、地域の出版社が担うべきものであり、また地域の出版社しかできないことなのです。そして、これこそが地域の出版社の生きる道だと考えます。また、現実的には与件がかなり不足していますが、地域の作家の発掘と育成も大切な仕事です。これは、地域の出版社が解決しなければならない大きな課題ではないでしょうか。

司会：地域出版には「地域」という言葉が入っていますね。「地域」がどこからどこまでなのか、その範囲を明確にする必要がありますね。

夫吉萬：その問題はこう定めるべきだと思います。地域の反対はソウルではありません。地域の反対は中央です。たとえば、ソウル市も中央ではなく地域です。私たちは首都と中央を混同しがちですが、城東区、道峰区、恩平区などソウル市内の各地域でなされている出版も、地域出版と見るべきなのです。

■　第5章　地域出版の可能性を求めて

　実際、つぶさに地域の文化を記録すべき場所がソウルなのです。ソウルの各区ですね。私たちが今、座談会をしているこの大邱も同様です。大邱広域市よりも大邱の東区、西区など街（まち）単位で行われている出版行為、それが「地域出版」だと思います。

　今お話ししたのは、理論的なアプローチですが、それはひとまず後回しにし、現実的なアプローチとしては、ソウル以外の各地域にある出版社が地域の問題に関心を寄せることが重要でしょう。

黄豊年：地域出版物は流通面でも疎外されています。中央でつくられた流通システムが長きにわたって定着しているためです。地域でつくられた本は、それなりの規模にならなければ、現在の流通システムを利用して、自分の住んでいる地域の外にいる読者に伝達されることは難しい構造になっています。本がどこまで流通するのか、公共のシステムで地域の外にまで流通可能な構造をつくらなければならないのですが、他のチャネルや突破口が必要だろうと考えています。

チェ・ソヨン：「韓地連」に所属している会員たちも、地域出版に対する明確な概念と基準を共有する必要があるでしょうね。どこへ行こうと私たちは、「地域出版」のキーワードで話すことになります。必ず尋ねられるのは、「地域出版とは何なのか」という質問です。実際にその質問を受けた時、「どう答える」のか、「戦略的な基準を込める」べきか、いずれにしても、私たちが現在、「地域出版についてこう考えている」のだという確実な判断が必要です。

黄豊年：「韓地連」に所属する会員各社を見ると、地域の出版社だからといって、地域の本ばかりを出しているわけではない。だから、二種類のアプローチが必要だと思うのです。地域の出版社が出す本も地域出版ですし、もう少し狭義の概念としては、「地域コンテンツ」を意味します。つまり地域の出版社を通じて生産された地域コンテンツが、地域出版の正確な概念になると思います。

チェ・ソヨン：私たちが地域出版の役割について深く研究し、伝えていけば、おのずから私たちの言う地域出版の意味が伝わっていくのかもしれませんね。

172

鄭潤熙：そうすると、「地域出版」は、首都圏中心ではない、地域で出版社を運営したり、地域コンテンツを出版する行為と定義できるのでしょうか？

キム・ナソル：私は大きく分けて二つあると考えています。第1は地域で行われる出版。第2は地域に関して扱う出版です。地域で行われる出版だからといって、必ずしも地域に関することだけを扱うわけではありません。初めて地域出版という言葉を耳にし、地域出版の重要性について考えた時には、第2の意味についてより深く考えてみました。地域の出版社以外に「誰が、地域の話を、暮らしを、記録し保存するのか？」と考えた時に、生きていく上で、ありきたりに見える日常の姿が、実際に消えてしまうことになると、無性に愛しく、それをなぜ保管しておかなかったのかと残念に思うかもしれません。

地域出版だったら、こうしたものを捕捉し、保管することが可能だろうと思います。「地域を盛り込んだ出版作業の価値は、誰が理解してくれるのか？」「社会から広く理解を得られるのか？」「その存在を知らないから理解されないのか？」、もしくは「存在を知っていても重要ではないと考えるのだろうか？」など、さまざまなことが考えられます。

私の出版社は第2の定義には該当しませんが、だからと言って「第2の定義を守らなくてもいいのか？」「商業的な計算に合わなければ、第2の定義の意味は消滅してもいいのか？」「地域で行われる出版と地域に関して扱う出版は、互いに完全に分離しているのだろうか？」「地域で行われる出版から地域に関して扱う出版へと発展する場合もあるのではないか？」などとも考えたりするのです。

第1と第2が健全に維持されれば、「両者の品質はどちらも良くなるのではないか？」など、考えれば考えるほど答えよりも疑問が募ってきます。地域出版に関するあれやこれやの試みと努力（地域出版物展示図書展を含む）をきっかけに、こうしたことに対し、考えてみる機会を得られただけでも素晴らしい第一歩になったと思います。

權英蘭：私は、以前は出版をやっていましたが、現在は地方で執筆活動をしています。地域出版を「地域の公共財と考える」のか。これがポイントだと思います。ローカルメディアに関しては、地域の資産と考えられています。だから「地

域新聞発展法」ができて、ローカルメディアを政策的に後押ししているのです。

　地域出版が地域で存在感を表すことができず、地域住民からの認知度を高められない理由は、零細だからではなく、地域住民の中に、地域の出版社は自分たちの地域の資産であり、公共財だという認識がきちんと定着していないからだと思います。しかし、今がまさに地域出版が公共財であることを知らしめるチャンスではないでしょうか。地域のコンテンツを発掘し、その価値を記録する。新聞が現在性を持っているとすれば、地域出版は過去と現在と未来をすべて結び付けられるものじゃないですか。だからこれは単純に志を同じくする数名の、地域に対する愛情による作業ではない。地域が全体として公共事業化し、公共財産と見なす出版社の位置づけ活動が必要であり、しかも、それを継続的に知らしめていく場が必要です。そうすれば政策や支援について、確かな方向を提案できると思います。

出版社の設立の仕方

　韓国において出版社の設立は原則的に自由である。軍事政権時代の強権的な出版規制の印象が強く残っているため、出版社の設立は難しいように思いがちだが、決してそんなことはない。出版社の設立は、かつては「登録制」だったので、それなりに複雑な手続きを要したが、現行の「出版文化産業振興法」（2009 年 3 月 25 日改正）においては、「申告制」を採用し手続きは簡略化された。また、同法施行規則には「申告の書式」が定められているが、それを見ても簡単な記述をするにとどまっている。申告をせずに出版社の営業をした者に対しては、300 万ウォン以下の過怠料を科するとの規定がある（第 28 条 1 号）。

〈出版文化産業振興法第 9 条（申告）〉
　① 出版社を経営しようとする者は、事前にその出版社の所在地を管轄する特別自治道知事・市長・郡主・区庁長（自治区の区庁長を含む、以下同じ）に、次の各号の事項を申告しなければならない。申告する事項を変更する場合にも事前に申告しなければならない。
　1. 出版社の名称及び所在地
　2. 経営者（法人または団体の場合は、その代表者）の姓名及び住所
　② 特別自治道知事・市長・郡主・区庁長は、第 1 項に基づく申告（以下、"申告"という）をした者に申告確認証を交付しなければならない。
　③ 特別自治道知事・市長・郡主・区庁長は、申告を受けた時は、その申告事項を市・道知事（特別自治道の場合は除く）を経由して文化体育観光部長官に報告しなければならない。

（舘野晳）

第3節

地域文化の役割と使命

司会：ここからは「地域の出版社はどんな役割をしているのか、地域の出版社はどのような役割を果たすべきなのか」などについてご意見をお願いします。

申重鉉：地域の出版社が果たすべき役割は確かにあります。かつて「地域に良い出版社が一つあることは、良い大学が一つあるのと同じ」だと、チェ・ナクジン教授がインタビューで答えておられました。まさにその通りだと思います。しかし、大部分の地域出版社は零細で、外に目を向ける余力がほとんどありません。学而思も同様ですが、それでも「書評を書く講座」を開設し、微力ながら読書運動を広めるなどの活動をしているので、毎日、メディアや地域の文化界が多くの関心を寄せてくれています。

黄豊年：地域出版の役割のうち最も重要なのは、その出版社がなければ失われるしかない歴史を記録として残すということです。これは市場の論理とは別に存在するものでしょう。たとえば、済州にある出版社が済州島四・三事件[注1]に関する本を出し、光州の審美眼社が、5月光州民主化抗争[注2]に関する記録を出版していますが、こうした出版社がなければ、この歴史を記録として残すこ

[注1] 済州島四・三事件とは、1948年4月3日にアメリカ軍政庁の支配下にあった済州島で起こった島民の蜂起に伴い、国防警備隊、韓国軍、韓国警察などが、1954年9月21日までの期間に引き起こした一連の島民虐殺事件のこと。

[注2] 光州事件とは、1980年5月18日から27日にかけて全羅南道の道庁所在地である光州市を中心に勃発した民衆の蜂起。民主化を求める民衆の蜂起は、全羅南道一帯に広がりを見せたが、5月27日に軍により武力鎮圧された。

■ 第5章 地域出版の可能性を求めて

とはできません。韓国社会を全体として見れば、私たちが後世に伝えていくその時代の文化の完結を地域が担っているのです。こうした側面からも地域出版の役割はとても大きいと思います。

第2は、それがどのような観点からなのかという点です。地域活動をする人は地域が世界の中心であるため、地域を中心に見る傾向があります。私が発行している『全羅道ドットコム』を例に挙げると、私たちは自分の体を動かして汗を流し働く人を視点に、世の中を見つめています。でも、ソウルにいる人の珍島を眺める観点となると、「どこが絶景だ。どこがビューポイントだ。何がおいしい」という感じになりがちです。地域にある出版社は地域に暮らすの人々の視点で地域を見ているので、地域の内面を伝えることができます。そこは美しい場所ではあるが、その裏にはいくつものストーリーがあるということです。そこはこんな事件の現場で、どんなストーリーがあって、だから漫然と見ていい場所ではないと思うのですね。

こうしたことを地域の出版社が残さなければ、人々は知る由もないのです。かつて光州の川辺の市場で「三・一独立運動」[注3]が起きました。光州の人々が植民地支配に抵抗をした場所です。日本の警察が多くの人々を捕らえようとした場所なのですが、そこが今は夜ごと屋台で埋め尽くされ、酔った人々が心無い行為をするまでになっています。

ここは「私たちの先祖が独立のために三・一独立運動をした場所なのだ」と記録された本を読んでいれば、まさかそのようなことはしないと思うのです。つまり地域出版は「私たちの歴史の透き間を埋め、完結するという重要な役割を担っており、かつ果たすべきだ」と思います。

夫吉萬：最も韓国的なことが最もグローバルなことだと言いますね。韓国的なものがどこにあるのか。韓国のコンテンツ、韓国のストーリー、韓国の自然などは、まさに地域にあるのです。これは中央では不可能です。中央は世界と特別な差別性を持ちませんからね。現在の人々に長く残そうとすれば、普遍性を獲得しなければなりませんが、それを手にする最短ルートが地域だと思いま

＊注3　三・一独立運動とは、日本植民地時代の1919年3月1日に日本からの「独立」を求めて起こった民族独立運動のこと。「独立万歳運動」や「万歳事件」と言われることもある。3月1日は「三一節」として祝日に指定されている。

176

す。要するに、中央と地域の役割は違うのではないでしょうか。

　それからもう一つ、韓国に限らず全世界はすべて地域なので、私たちの地域を国際化する方向へ進まなければならないでしょう。もちろんこれは個別の出版社だけがすることではなく、政策的にも要求すべき事案です。地域の出版物をグローバル化させることが、韓国的なコンテンツを世界に発信するのに最もよいプランだと思います。私は地域の問題とグローバル化の問題をいつも同じものだと見ています。

權英蘭：地域の出版社が自主的にコンテンツを発掘し、企画し、生産する人的資源が不足しているのが現実です。そうした意思があったとしても、簡単なことではありません。また、ここで語り合っている地域出版に対する概念に接近できない地域出版社も多いでしょう。けれども地域に所在し、地域で出版業を営めば、こうした地域のコンテンツがどれほどの価値があるか、そして地域の出版社が生み出したものが地域出版の収益構造が確立するようになれば、明らかにその方向に向いてくると思います。そして地域出版の草創期には地域にある、光州の「全羅道ドットコム」、大邱の「学而思」、水原の「サイダー」など、地域の拠点となり得る出版社がその役割を十分に果たしてくれるでしょう。

　地域の出版社の先進モデルが必要だと思うのですが、ここで言えることは、作家について私が見るところ、もっと大変なのは地方の作家なのです。実際には今、農業を営む人々よりも苦しいのが作家であり、文化芸術を担う人々なのです。それでも才能を生かした無償奉仕において、作家は第1次の対象になっています。自分の生活もままならない芸術家にボランティアをしろとは無理な話です。だから地域出版も苦しいでしょうが、作家に十分な原稿料を支払うべきだと思います。そうしないと循環構造が健全に働かないのです。地域の出版社、地域の作家、地方自治体が息を合わせなければ、地域出版の生態系はうまく機能しないでしょう。確かな方向を提示し、地域の作家がやっていけるように行政がフォローする必要があるのではないでしょうか。

チェ・ソヨン：私は大志を抱いて水原の地域雑誌『サイダー』の発行を始めたわけではありません。仕事と暮らしを同一視してみようという素朴な思いから『サイダー』を創刊しました。地域雑誌を出してみると、これまで民衆の暮ら

しに関する話が疎外されてきたことがわかりました。記録もされず疎かにされてきたので、残っているのは記憶だけという状況なのです。私は記憶を記録する仕事ばかりをしています。その記録の中に人々の歴史があり、ストーリーがあるのですが、私はそうしたものを必要なものと考え、それ自体が数十年後にはいっそう大切な価値として評価されるようになると信じているのです。

第2に、『サイダー』はフリーペーパーです。私は自分ひとりで『サイダー』を出しているのではなく、水原の市民と共に出していると思っています。うちの記者たちは自分を自発的な記者と規定しているんですよ。こういう作業を見た行政の担当者が、私たちのように地域の文化を出版物に盛り込もうと考えるようになったので、水原市では多数の出版物を出しています。私たちも、雑誌とは別に本を出すために、別の形で出版業務をしています。たとえば、『水原市民白書』の場合、『サイダー』の記者が全員参加して白書をつくりました。本自体に身近な人々の話が収められているため、自発的に記者たちも参加してつくるようになったもので、これも一つの仕事になり、生活の糧になりました。

韓国の本と日本の本の違い

韓国の本と日本の本の違いは外見的に異なる点はいくつかあります。

第1に、横組みであること。1970年代頃までは縦組みの本も出ていましたが、今ではすべての書籍、教科書も聖書も新聞も横組みになりました。

第2に、横組みだから、当然、左開きになっています。

第3に、本のサイズ（判型）ですが、新菊判というA5判よりは縦長サイズの本が多くを占めています。ただし、最近は多様なサイズの本が登場しており、店頭で見ても多彩になりました。

第4は、文庫、新書が少ないことです。日本の書店で文庫、新書は店内の真ん中にずらりと並んでいますが、韓国での扱いはとても地味な印象です。なぜそうなのかは、興味深い研究課題ですが、ここでは「軽々しいものを排する」伝統文化の影響ではないか、と仮説を示しておきます。

そのほか奥付が巻末ではなく、冒頭部分に付いている本が多いこと、帯（腰巻き）が少ないこと、本文に漢字がほとんど無くて、ハングルばかりが詰まっていること、使用されている用紙は重いものが多いので、本の目方も比較的重いことなどでしょうか。

（舘野晳）

第4節

地域出版、円滑な循環に向けて

司会：地域で出版社を健全に運営されるには、何かとご苦労も多いかと思います（一斉にため息と笑い！）。生産―流通―消費という生態系が好ましい循環をするためには、何が必要なのかについて、お話しください。

キム・ナソル：私は「図書出版談論」という小さな出版社で働いています。私が所属しているのは、それだけではありません。弊社の代表は『談論』以外にもいろいろな事業を行っています。私は他の事業を手伝いながら『談論』の仕事もしています。出版業に専念したいのですが、出版だけでは経営を維持するのが難しいのです。本を1冊出す際に、その本がどれくらい売れるかを予想するのはとても難しい。赤字になる本だから出版しないほうがいいと考えていたら、出版する本の種類は減るでしょうね。

　だから悩むのです。「出版では持続可能な収益を出せないのでしょうか？」「収益を上げられない理由は何だろう？」「収益を上げる方法は皆無だろうか？」などと考えます。それでも「出版をしたい」と思い、「出版している」理由は何なのでしょう？

　さまざまな考えが思い浮かびます。「出版に集中し、出版業で持続可能な収益を上げることを追求するべきか？」「それともそれは現実的には難しいので、他の事業を並行して行うのがいいのか？」「他の事業と並行すると出版に集中できないから売り上げが伸びないのではないか？」などと考え、何が正しいのかよくわからなくなります。でも、出版業の方々にお会いしてみると、話されていることとは異なる、人々の強い思いに打たれ、「新たにコンテンツをつく

ろう」という意欲が湧いてきて、前後の見境なく、また、新たな挑戦をする気になるのです。

　地域の話を拾い集め、まとめて出版すること、これを経済的な価値に換算するのは難しいでしょう。換算するのは難しいのですが、その必要性と価値を直感的に感じる人々が地域を扱う出版をしているのだと思います。そして今すぐに、地域を扱う出版をするわけではなくても、地域で出版をする方々は、ある時点で地域を扱う時がきっと来ると考えています。

チェ・ソヨン：最も辛いのは会社経営なので、組織を維持しなければならず、利益が上がらなくても社員生活の保障をしなければならないことです。これは現実の問題で、給料日はすぐにやってきます。出版はマンパワーなしには不可能な仕事ですが、社員にまで使命感を求め、犠牲を強いることはできません。

　『サイダー』を発行するザ・ペーパーは社会的な企業です。企業として追求すべき価値がありますが、「独りよがりが過ぎるのではないか」と考える時もあります。私たちの活動を見て、出版の意味を考え、人々が変わっていくのを見ると、喜びを感じつつも、これがどれほどの意味を持つのだろうかと、独り悩むこともあります。

　私がそうしたことを乗り越える意味と使命感を、「誰が満たし続けてくれるだろうか？」「結局は自身が解決すべき課題なのではないか？」「今年は暮らしの問題をまず解決すべきなのか？」「それとも社会的価値をまず追求すべきなのか？」などと考え、こうした悩みをいつも抱えています。

　私たちは、「出版は重要なので、特に支援すべきだ」と主張していますが、私にはそれがひどく安直な考えなのではないかと思いもするのです。現実と実態の把握をせずに、個人出版や独立出版という理由だけで支援を求めるのは問題があるのではないでしょうか。でも公共の政策支援においては、地域の出版社は排除されています。それは地域の出版社にとってはもどかしい限りです。

申重鉉：だから地域出版社はやむなく自費出版をするようになるのです。これも大事な作業であることには変わりありません。ただ、自費出版が勢いを持つようになると、副作用として本はタダと考える人が多くなるのです。自費で発刊された本が書店を介さずに、ご祝儀のように手から手に渡るようになると、

第4節　地域出版、円滑な循環に向けて

互いにコンテンツの価値を尊重しなくなるのです。わが社でも本を展示していたのですが、ある人が知人の本に目をつけて1冊持って行こうとしました。そこで私が「定価の15％引きで差し上げます」というと、「タダではないのか」と残念がる方がいました。地域出版をしていて最も大変なのは、こうした出版環境のためコンテンツの価値が、同じ地域では認めてもらえない点です。

司会：出版施策において必要でない部分、改善すべき点、今後、政策的に必要な部分などについてお話ください。

黄豊年：出版の「文化」と「産業」を同時に推進する「韓国出版文化産業振興院」という機関のように、私はローカル性をシンプルに説明すべきと思います。「ローカルフード」ってものがあります。ローカルフードを長きにわたって育成し、流通し、保存する理由は、インターナショナルやナショナルフードのようにたくさんの人々が好んで食べる大衆的な食べ物は、おいしくて、人気がありますが、個々人の体質に照らし合わせると健康には良くないことがあります。子どもたちが好きなピザやハンバーガーばかりを食べるわけにはいかないので、母親は子どもらに、麦飯、味噌汁、カボチャなどを食べさせます。健康のために食事のバランスを考えるのです。

　文化もこれと同じだと思います。本にも市場でよく売れているもの、面白いもの、有名なもの、世界的なものにばかり慣れ親しんでいるために、地域文化の重要性とコンテンツの重要性を忘れてしまいました。それはつまり、地域の価値が低下し、地域政策に関心を持つ必要がなくなり、地域の暮らしの質が落ちたということです。

　こうした角度から見ると、「ローカルブック」は、まずくても重要なものじゃないですか。もちろん後になると、おいしくて栄養もあることを知ることになるのですが、まずローカルブックが重視されるには、政策的支援が必要だと思います。その共同体の健康を維持しなければなりません。これが本当の地域出版時代であり、そのための政策がなされるべきです。地域出版のために新たに予算を付けなくてもいいと思います。現場から見れば、文化と関連づけて無駄遣いされている資金がとても多いので、それをきちんと管理して使えばよろしいのです。

181

つまり、文化政策というのは、何かを補完してやること、市場を活性化させるために、特定の誰かにだけお金を多く貸し付けることではありません。支援がなくてもやっていける"韓流"を支援することはありません。支援なしには維持できないもの、そういう本が廃れることで地域が寂れ、歴史を風化させてしまうもの、とても大切な情緒や文化が育たないことで地域が破壊され、健全性が失われるものを回復させることに集中すべきだと強調したいですね。政府にも、地方政府に対しても同じことが言えます。

キム・ナソル：「済州地域出版支援条例」を準備する座談会に参加するため、済州の出版関係者と話をする機会がありました。その折に出た意見をお伝えしようと思います。

①本の刊行費用が負担になっている。特に初期印刷費を支援してほしい。

②刊行後の広報活動が難しい。ブックトレーラー映像の制作、SNSによる広報活動の支援があれば助かる。

③コストパフォーマンスの高い表紙及び本文紙専門のデザインに対する支援が必要だ。

④済州の出版人が集まり、済州出版人のための事業を進行できるように支援してほしい。

⑤『年刊済州図書—済州で出版される本』の情報を提供するコンテンツをつくり、オンライン・オフラインで配布してほしい。

⑥地域の学校、図書館などでは地域図書を購入するための支援策が必要だ。

黄豊年：最も大事なのは、ソウルなどの大都市圏からは反発があるかもしれませんが、地域に対するクオータ制[注4]の導入です。これは外せませんね。クオータ制なしには地域出版は生き残れません。本を選定して支援するなら、地域割当制を設けて地域の出版社の素晴らしいコンテンツが埋もれてしまわないようにすべきです。政府が文化政策におけるすべての政策に地域クオータ制を設けることが必要です。なぜなら、あまりにも長い間、「地域」ということを理由に、不平等な構造の中で地域と中央の格差が広まったからです。はしごを

---

*注4　国のシステムとして、格差是正のために一定の比率で支援することを義務付けているさまざまな措置のこと。

外され、長い間傾いたグラウンドに放置されていたものですから、それを立て直すためにも地域クオータ制が不可欠だと思います。

チェ・ソヨン：出版は文化体育観光部の管轄ですね。政府は文化芸術委員会で芸術支援金制度を設けています。この予算が広域自治体に下りていき、さらに基礎自治体へと下ります。実際にはクオータ制が導入されています。でも、そこには出版は含まれていないのです。文化には、出版が含まれていません。出版政策は出版ではなく、新人作家の支援なんです。絵画美術とか、最近はモニュメント作品ですね。これに対する予算もまったく足りていない状態ですが、出版には予算すらついていません。

權英蘭：ちょっと質問なんですが、今まで地域出版政策ってありましたか？私は地域メディアしか携わっていないので出版のことを知らないだけかもしれませんが、そもそも地域出版支援政策があったのかなと思います。なければ改善のしようもないですね。

　文芸振興基金というのがありますが、先ほどチェ・ソヨンさんが言われたように、出版に対する支援はありません。公演や視覚的な文化にだけ支援をしています。私は地域メディアにも地域メディアを振興する法律があるように、地域出版にも独自的な領域で法律をつくる必要があると思います。済州道では地域出版振興条例をつくるということですが、各自治体で地域出版条例をつくり、地域出版を政策的に支援することが必要でしょうね。

夫吉萬：今、文化体育観光部長官の都鍾煥（ト・ジョンファン）氏が国会議員だった頃に、地域出版支援法をつくらなければいけないと言われたので、私も協力して意見を述べましたが、途中で頓挫してしまったんです。でも「地域メディア支援法」はできました。地域メディアが声を上げたからです。「韓地連」ができたことですし、今なら、声を上げれば地域出版支援法をつくるのも難しくないんじゃないかと思います。

申重鉉：大邱には大邱出版産業支援センターがあるので、他の地域よりはまだ恵まれていると思うのですが、地域出版の最も大きな問題は人材不足です。大

邱には大きな出版社がなく、人材の流動もなく、何よりも大邱慶北地域には出版関連の学科を開設する大学が一つもないのが現実なのです。

鄭潤熙：大邱のように各地域ごとに、出版の集合体が必要ですし、こうした集合体が互いに連携し、情報と人材を共有できる環境をつくる必要があります。今や出版政策をもう少し大きな枠組みにする必要があります。

黄豊年：文化体育観光部は国全体の出版社を念頭に置いて、出版関連政策を立案しなくてはなりません。とかくソウルと坡州に集中している出版社だけを念頭に置く傾向が強いように思われます。本来、ソウル市がすべきことを中央省庁がしている現状なのです。

　第一に問題となるのは、政策担当者らが地域についてあまりにも無知であるということですね。今回、「韓地連」の法人化を推進する過程で、そのことを強く感じました。基本的にソウルに密集している多くの会社が結成する団体と、全国的に広く散在している、それこそ微々たる地域の出版社の団体は、規模の面で比較してはダメなんです。

チェ・ソヨン：今、地域が重要だと言っている人々が政策担当に就いています。だからすぐに政策が出ますよ。そして地域出版政策についての公募をすれば、果たしてこの政策が地域出版の活性化のための政策なのかという懐疑が生まれます。きっと、地域出版政策ではなく人文学、児童文学などが公募に選定されることになるのでしょう。

權英蘭：だから私たちは気を引き締めなければいけません。文在寅政府が地方分権を強調し、地域に対する問題を強調していて、この『出版ジャーナル』も今回の特集が地域に対する課題なんです。実はちょっと皮肉だと思っているんですが、「地域を対象に入れることではないのではないか？」「ソウルが持っている出版の領域の中に地域を入れようとしているのではないか？」と疑いたくなります。

　黄豊年さんが地域クオータ制度の話をされましたが、地域図書購買制度もそうですし、地域の作家に対する著述作業も活発にならねばならないでしょう。

本当に地域に対する意思があるのなら、現場の声を聞き入れ、地域出版に対する政策が早々に改善されることを望みます。地域政策について語る政策担当者がきちんとした現場のデータを知るべきだと思います。

チェ・ソヨン：權英蘭さんの言われるとおり、地域も内部に取り入れ対象にしておきながら、恩恵はすべてソウルが中心、大手出版社中心になっているのは感心しません。

キム・ナソル：地域出版について簡単に整理してみると、地方で出版する方々が結局地域について扱うようになり、地域について扱う出版人が最終的には、読者と地域のより深い相互理解に寄与するということでしょうか。韓地連の役割は、このサイクルがうまく回るように支えることではないかと思います。

　韓地連においては、2017年の図書展をきっかけに済州出版人連帯もでき、済州出版人の緩やかなネットワークもできました。済州出版人連帯を通じて地域の出版社の本を図書館に納品したり、地域の出版社の本の書評レター公募展のような事業も実現しました。また済州では全国で初めて済州地域出版支援のための条例を準備しています。地域出版の重要性を知らしめ、地域出版を守るための努力が持続するには「何を考えるべきか」「誰と共にすべきか」「何をするのか」など、限りなく考え、小さな実践を積み重ねることが韓地連の役割ではないのかと思います。

鄭潤熙：地域出版が地域で価値を認められ、持続可能な経営をするためには出版社の努力も必要でしょう。皆さんが言われるように、出版社も利益を上げなければ、職員たちに給与を支払い、経営を維持することができませんからね。

　一方では傾いたグラウンドを直してくれる政府の政策も非常に重要です。「地域」だから疎外を受け入れるわけでも、声が小さいから主張がないわけではありません。地域固有の文化遺産を出版として記録できるように支援する、人文学的な政策が実現しなければなりません。そういう点で済州道が最初に「地域出版振興条例」案をつくったのは、出版文化の希望の光が差し始めているということだと思います。

　また地域の自治的な地域出版物が購入され、地域を越えて他の地域でも消費

される流通構造をつくることも急務です。現在、文化体育観光部で出版流通のための予算措置をしましたが、地域出版の流通にまで適用できるのか、政策担当者の関心と地域の出版社による必要性の強調が求められます。

　大邱に「出版文化産業支援センター」があるように、各地域にも地域出版を支援する拠点となる支援センターが必要です。文化体育観光部に「出版印刷読書振興課」があり、「韓国出版文化産業振興院」では出版と読書振興を担当しています。韓国出版文化産業振興院の中に地域出版支援センターを設けて、地域出版が阻害されることのないよう、政策的な後ろ盾を準備すべきだと思うのです。

夫吉萬：本日、出された論議を土台にした地域出版活性化のために、「韓地連」にはいっそう積極的に、力強く活動してもらいたいと思います。

司会：今まで地域出版についての概念、地域出版人として味わう哀歓、そして地方分権時代の地域出版の役割についてお話を伺いました。

　今日の座談会で出版と文化の中心は地域であるという考えがいっそう強く湧き起こりました。地域が生きてこそ、国が生きるということでしょうね。地域出版人が共に集まり、地域出版物展示図書展が開催され、情報を共有する活動を見ると、厳しい状況とはいえ、希望があることを感じました。

　『出版ジャーナル』の読者にも、地域の書籍文化生態系にいっそうの関心をお寄せいただきたいと思います。行政側には、地域を念頭に置いた実効性のある政策が、今年こそ実行されるように願ってやみません。皆さん、ありがとうございました。

第6章

書籍文化生態系の模索と対案 ⑥

職場環境と出版の未来

本章の内容

　本は人間精神の産物と言われます。書籍文化生態系においては、本をつくる出版環境が極めて重要です。

　『出版ジャーナル』504号の特集座談会のテーマは「良い職場のための出版環境」とし、この社会のイシューになっている「ミートゥー（#MeToo）」運動と関連し、性暴力のない職場、女性平等を指向する出版環境を、いかにしてつくるかを模索してみました。

　ミートゥー運動は男女の性対決というよりは、上下関係など職場内の権力関係からくる人権の問題です。私たちの社会の文化を変える文化運動でもあり、ミートゥー運動と両性平等に対する論議が積極的になっているのは、私たちの社会が先進社会に向かっている姿を表現するものでもあります。

　今回の座談会では、良い職場のために出版環境をどう改善するのかについてさまざまな意見を伺いました。そして、最近、再び関心を呼んでいるフェミニズム図書出版の社会的意味についても探ってみることにしました。

■ 第6章 職場環境と出版の未来

第1節

ミートゥー運動はなぜ起きたのか
── 出版職場での性暴力の実態 ──

金貞明（以下、司会）：「書籍文化生態系の模索と代案」、5回目の座談会を始めます。今回のテーマは「ミートゥー[*注1]以降、良い職場のための出版環境」です。

　最近「ミートゥー問題」が、社会で話題になっています。多くの分野に問題が広がっており、出版界でも内部の性暴力と関連した議論が重要になっていると思います。出版界では女性従業員が大勢働いていますから、より良いコンテンツをつくるためにも、勤務環境が良くなければならないからです。

　ミートゥー問題だけでなく、書籍文化生態系についても、包括してお話しいただければと思います。まず、朴商隆さんから、アメリカに続いて韓国で、「ミートゥー運動」が起こった意義についてお話しください。

朴商隆：以前はミートゥー活動は活発ではなかったですよね。ハリウッドの俳優が、自らセクハラ行為を受けたと告白し、ミートゥー運動が広がりました。

・**座談会参加者**
企画・編集・校正：鄭潤熙／『出版ジャーナル』代表・編集長
コメンテーター：夫吉萬／韓国出版学会顧問、韓国文化財委員会委員
コーディネーター：金貞明／新丘大学メディアコンテンツ科兼任教授

参加者：金令愛／チェクジ代表
　　　　朴商隆／法務法人ハンギョル事務所所属弁護士
　　　　朴秀蓮／韓国女性編集人クラブ会長、経文社編集室長

第1節　ミートゥー運動はなぜ起きたのか

韓国では徐志賢検事がセクハラされた事実を暴露し、ミートゥー運動が拡散しました。徐志賢検事はセクハラ被害を受けた後、加害者からの謝罪もなく、むしろ人事上の不利益を受けたと主張しました。これ以降、芸術界、演劇界などで勇気のある女性たちが、本格的にセクハラ被害を受けた事実を公にしました。自分の個人情報を公開し暴露するのは容易なことではありません。

　以前はこのようにミートゥーと主張するのは難しかったので、ただ我慢して過ごしていました。なぜ我慢していたのか。暴露すると、かえって自分が社会から干される恐れがあったからです。さらに虚偽告訴罪や名誉棄損で、逆に告訴されると思ったからでもありました。今では被害者が立ち上がりミートゥー運動を展開していますね。これまで社会で隠されてきた被害の事実を、身元を公開する恐ろしさがあるにもにもかかわらず、勇気を持って公開することで、私たちの社会を変化させているのです。

司会：徐志賢検事がミートゥーに踏み切った背景に、私たちの社会がミートゥーを主張できる環境に、変わってきた現実があるからではないでしょうか。

朴秀蓮：「ミートゥー革命」と呼ぼうという動きのように、社会全体に「間違ったことを変えよう」とする意識が広がっています。最初はミートゥー運動が短期間、話題になるだけかと思いましたが、だんだんと広がっているので、

写真6-1　韓国出版界のセクハラ相談センターの広報ポスター

＊注1　ミートゥー（MeToo）とは、英語で「私も」を意味する。一般に「#（ハッシュタグ）」を付して使われ、セクシャルハラスメントや性的暴行の被害体験を告白する運動のこと。

189

第6章　職場環境と出版の未来

この運動は長く続いていくでしょう。ミートゥー運動が長く続くなら、課題や
ゴシップではない、文化運動になる方法を考えなければならないでしょう。

夫吉萬：ミートゥー運動は、韓国が先進社会に向かう端緒になると思います。
先進国と後進国の違いは、先進国では自分を守ることができない人々も堂々と
生きていけますが、後進国では自分を守れない人々をいじめたり、無関心に
なったりしています。これまで私たちの社会は仕事や職場関係のために、上司
や権力を持つ人々の言葉に従うしかなかったのです。不合理な言動にも「NO」
と言えない社会でした。今、このようにミートゥー運動が起こり、自分を守れ
ない人々も堂々と生きていける社会へと変わろうとしています。

鄭潤熙：私はミートゥー運動が男女の性による対決というよりも、権力関係と
人権の問題だと思います。著作権法にも人格権があるように、自分の身体につ
いての権利は完全に自分にあるのです。権力を持っているという理由で他人の
身体にむやみに接触するのは犯罪です。ミートゥー運動を通じて、これまで韓
国に空気のように存在していた家父長主義、男性中心主義、権力中心主義な
ど、よどんだ空気を徐々に追い出していかねばなりません。

司会：これまで私たちが無意識に発していた言葉に「女が〜」「女なのに〜」
という、女性を卑下したり嫌悪する発言が多かったと思います。女性自身も
「私の行動がいけなかった」と自責する場合も多かったのです。ミートゥー運
動によってこうした認識が変わってきていると感じています。

金令愛：私はこの問題を「女が〜」ということよりは、韓国の教育構造の問題
として見なければならないと思います。これまで性犯罪と関連した問題に対す
る法的定義や、ガイドラインについて国民の大部分が無知だったと言えるで
しょう。普段はこれが「犯罪だ」と感じたり考えもせずに暮らしています。で
は一般人の行動規範を規定する根拠はどこから来るのでしょうか。家庭教育や
学校教育からではないでしょうか。
　私たちがマナー不足などと言うには「暗黙の合意」がありますね。たとえば
「年配者に礼儀知らずな態度を取ってはいけない」などです。しかしセクハラ

190

第1節　ミートゥー運動はなぜ起きたのか

されたというのは、個人的なことなので意見はまちまちです。暗黙の社会的同意を導き出すには、かなりの時間がかかるでしょう。ミートゥー運動を通じて、各自が教育観を顧みる契機になりました。そして社会的には、私たちの性に対する問題に関しても、もう少し積極的に討論する必要があると思います。

司会：社会が大きく変わりましたが、まだ私たちの社会がミートゥー運動に対する問題を、積極的に討論する程度まで成熟した段階ではないように思われます。ミートゥー運動を支持しない人々が多いのも現実です。

金令愛：そうですね。だからもっと活発に討論するべきだと思います。私が「不快に感じたらすべてセクハラだ」。今はこの段階ですね。お互いに好きで手をつないだらセクハラではないのですが、どちらかが不快に感じたらセクハラです。あの人はミートゥー運動をしていると、物珍しく見るのではなく、家庭や社会で話し合える雰囲気をつくるべきです。それから、ミートゥー以後、私のまわりの男性たちがとても気をつけています。私も一緒に気をつけるようになりました。

　今や部下の男性社員を相手にする年齢になったので、その昔、私が上司だった時に男性社員をどのように扱っていたか、考えるようになりました。朴秀蓮さんは「ミートゥー革命」と言われましたが、革命ではなく自分が生きてきた道について考えている状況が革命なのでしょう。それなら自分はミートゥー運動によって自由になれるのかと顧みて、自分がこのような行動をしたら相手がどのように思うのか、考えてみるのです。今では50代の男性たちがかなり用心しているのを見ながら「革命は別の場所から起こるのではないのだな」とか、「革命は自分の心の中に起こっているのだな」などと考えるようになりました。

朴商隆：ミートゥー運動で問題になったのは社会の指導層です。文学界では高銀詩人、演劇界では李潤澤監督、政治界では次期大統領候補に取り沙汰された安熙正前忠清南道知事などです。問題は加害者たちが「自分は相手との合意の上で行ったことで、親しみの表現だった」と陳述していることです。

　これまでセクハラや性的暴行に対して、自分の立場だけで考えていたことにほかなりません。相手の立場で考えてはいなかったのです。セクハラや性的暴

行を判断する法曹関係者でさえも、そのように考えていたのです。

　「私が親近感を持っていれば相手も同意するだろう」という点について考えてみる必要があります。問題意識を持たずに、自分の行ったことに罪悪感を感じていないのです。社会の指導層がセクハラ予防教育をより徹底的に受けるべきでしょう。安熙正前知事の行為も「業務上の権力によるセクハラ行為」です。本人は「権力の行使ではない」と弁明していますが、部下という立場だったら拒否することはできないからです。

鄭潤熙：「男女雇用平等と、仕事と家庭の両立支援に関する法律」（略称「男女雇用平等法」）の職場内セクハラ規定第12条（職場内セクハラの禁止）に、「事業主、上司または勤労者は職場内でセクハラ行為をしてはならない」と規定してあります。

　ここでの「職場内セクハラ行為」とは「男女雇用平等法」第2条（職場内セクハラの定義）に、「事業主・上司または勤労者が職場内の地位を利用したり業務と関連して他の勤労者に性的言動などで性的屈辱感または嫌悪感を与えたり、性的言動またはその他の要求に応じなかったとの理由で、勤労条件および雇用において不利益を与えること」と明示されています。

表6-1　セクハラ規制強化の流れ

1996年7月	女性発展基本法上でセクハラ用語使用	
1999年2月	男女雇用平等法改正	労働基準法事業所、セクハラ禁止、予防、規制条項
1999年7月	男女差別禁止および規制に関する法律制定	男女差別で規定、公共機関に拡大
2001年8月	男女雇用平等法改定（一次）	セクハラ規制強化すべての事業所に拡大、事業主規律の範囲、責任の拡大
2005年3月	男女差別禁止および規制に関する法律廃止、国家人権委員会法に移管	
2006年8月	男女雇用平等法上改定（二次）	顧客によるセクハラの雇用主保護義務を新設
2014年1月	男女雇用平等法の改定（三次）	事業主のセクハラ予防教育受講義務を新設
2015年7月	（全部改定）男女平等基本法上のセクハラ規律強化	国家機関などのセクハラ予防教育、規制を強化
2017年11月	男女雇用平等法の改定（四次）	職場内セクハラ適用範囲の拡大および予防教育の強化事業主のセクハラ発生時置義務強化

（出所：ムン・カンブン博士、労務法人幸福な仕事研究所）

第1節　ミートゥー運動はなぜ起きたのか

司会：話を社会全般から、出版界の職場に移して、この問題を掘り下げてみたいと思います。

鄭潤熙：「男女雇用平等法」によると「10人以上の事業所では年に1回以上、職場内セクハラ予防教育を実施しなければならず、事業主と労働者はセクハラ予防教育を受けなければならない」と規定されています。

　出版界に絞って話をしてみましょう。言論労働組合出版支部が2016年に調査した「出版界性暴力実態調査概要」によると、セクハラ予防教育を受けて「実効性があった」との回答率は15.6％にとどまり、セクハラ予防教育を受けたが「実効性はないと思う」との回答率は39.3％、セクハラ予防教育を「受けなかった」との回答率は実に45.1％でした。

　結局、法に規定はあるが守られることはなく、法律の死角地帯にある出版現場で、性暴力犯罪が蔓延しているのだと思います。

金令愛：問題はセクハラ予防教育を行っていたとしても、雇用主や上司がセクハラ行為など、性暴力についてしっかり認識していないことです。

鄭潤熙：『出版ジャーナル』で、出版界で働く100名を対象に調査した結果、性暴力の加害者は誰だったかとの質問に対して「会社の上司や代表者」とするする回答が多かったのを見て驚きました。社内性暴力を防ぐ責任のある雇用主が社員に性暴力を振るう加害者なのです。出版界で働くA編集者は、5つの出版社で働く間に、すべての会社の社長と上司からセクハラや性的暴行を受けたそうです。女性従業員の手をつかんだり、肩をなでたりする行為を平然としているのです。雇用主団体の出版団体では、出版社の代表者を対象に教育をすべきでしょう。

夫吉萬：私も大学教授だった当時、セクハラ予防教育を受けました。ですが報道で教授を対象とするミートゥーを知らされて驚きました。性暴力もセクハラ、性的暴行、性暴力と分けられますが、セクハラ行為の概念が最も難しいですね。握手、または会食の際に酒を注ぐことを強要するのも、相手が不快に感じるならセクハラ行為なのです。だから教授という立場ではどうしても注意が

193

■ 第6章 職場環境と出版の未来

必要になります。出版界の性暴力加害者が出版社の代表者というのも大きな問題です。

司会：言論労働組合出版支部が、「出版界性暴力実態調査」の結果を2016年に発表した資料があります。前・現職出版界労働者257名を対象にした調査によれば、女性の79.8％、男性の39.2％が「性暴力を受けた」と回答しています。「言葉による性暴力」が53.7％と最も多くなっていました。

加害者は著者以外の「職場の上司」が56.6％、「著者や訳者」が44.6％、「出版社の代表者」が40.4％でした。回答者の84.4％が性暴力発生の原因については、「著者や取引先の上司など上下関係のため」と回答しています。

「出版界の人的ネットワークの閉鎖性」が61.2％、「セクハラ対応の不在」が44.4％、「非正規雇用解雇の日常化などの雇用不安定」が43.2％でした。

2016年に発表されたのですが、出版界では話題にもなりませんでした。出版界ではそこまで性暴力が広がっているのかと思うのですが、出版現場の方々は、こうした事実をどう考えていますか？

表6-2　セクハラ関連法律と特徴

女性発展基本法	国家人権委員会法	男女雇用平等法	
主体	「国家機関など」（国家機関・地方自治団体、各学校、公職関連団体）の従事者、雇用主または勤労者	「公共機関」（国家機関・地方自治体、各学校、公的関連団体）の従事者、雇用主または勤労者	事業主・上司または勤労者
対象	不特定	左記の通り	他の勤労者
行為の発生	業務、雇用、その他の関係で地位を利用したり業務などと関連して	左記の通り	職場内の地位を利用したり業務と関連して
行為の方法	性的言動など	左記の通り	左記の通り
行為の被害	相手に性的屈辱感や嫌悪感を与える行為、相手が性的言動やその他の要求に従わなかったという理由で雇用上の不利益を与える行為	左記の通り	左記の通り

（出所：ムン・カンブン博士、労務法人幸福な仕事研究所）

第1節　ミートゥー運動はなぜ起きたのか

表6-3　男女雇用平等法上の職場内セクハラ規定

第12条（職場内セクハラの禁止）
事業主、上司または勤労者は職場内セクハラをしてはならない。
第2条（職場内セクハラの定義）二号
職場内セクハラとは事業主・上司または勤労者が職場内の地位を利用したり業務と関連して他の勤労者に性的言動などで屈辱感または嫌悪感を与えたり性的言動またはその他の要求に従わなかったという理由で勤労条件及び雇用で不利益を与えることである。

朴秀蓮：私は出版界だから他の分野よりも性暴力被害が多いとは思いません。むしろ上下関係が徹底している大企業のほうが多いのではないでしょうか？

金令愛：私は出版界のほうが多いと思います。男性社員より女性社員が多いこともありますが、産業構造があまりにも脆弱な分野だからです。そのため生計を維持する手段が制限されており、上下関係から発生する性暴力だけでなく、すべての暴力、すなわち男性からはかなり「言葉の暴力」を受けています。

　敬語の省略は日常茶飯事であり、暴言を受けることが多いと思います。男性には言葉の暴力がストレスであるように、女性にとってはセクハラが大きなストレスなのです。それにもかかわらず我慢して働かなければ生計が成り立たないのは、もどかしい限りです。

　放送や演劇などの分野も同じだと思います。私が出版界に携わりながら曖昧だと思うのは、出版は芸術組織でありながら製造業だということです。ある出版社の社長は自分をアーティストと称し、また他の出版社の社長は業者だと言うのです。読者人口は次第に減っているのに、出版界に就職しようとする若者は増え続け、従事者の学歴はかなり高くなりました。そのため仕事を失わないためには、セクハラされても耐えるしかないのが現実なのです。

鄭潤熙：先ほど司会者の金貞明さんが紹介した「出版界性暴力実態調査報告書」によると、前・現職出版労働者の性暴力被害の経験比率は68.4％ですが、これは他の業界と比べると圧倒的に高い数値です。女性家族部（省）が2016年に発表した「2015セクハラ実態調査」によれば、公共機関及び民間企業に従事する7844名のうち、女性の9.6％、男性の1.8％がセクハラ被害の経験があると回答しています。

195

第6章　職場環境と出版の未来

第2節

職場環境をどう改善していくのか
──「男女雇用平等法」の改正とセクハラ予防教育──

司会：不当な状況でありながら、生計のために抵抗できない現実がもどかしいですね。出版環境を良くするための方策についてご意見をお願いします。

金令愛：出版環境を良くするためには、第1に給料を引き上げねばなりません。第2は自由に転職ができること、第3は通勤の距離を短縮することです。働く環境が向上すればミートゥーに対する勇気も湧いてくるでしょう。けれども、他の職場より劣悪な環境であるため、勇気を出してミートゥーするのも大変なのではないでしょうか。

朴秀蓮：私の考えは違います。出版社で働く人々はプライドが高いため自分に不合理なことに対して我慢してはいないと思うからです。特に女性編集者たちです。出版界は勤続年数が長くはなく、転職も多いようですね？
　ミートゥー運動や社内セクハラは出版界だから起きる問題ではないと思います。どの分野でもどの組織でも起こることでしょう。出版界だからセクハラ問題が起きるのか、そうならば正していくべきですが、そうでないならば過度に出版界がセクハラの実態を外部に示すことは良いことでしょうか。自分が携わる組織に対する自負心も低下してしまいかねません。

鄭潤熙：本人が被害を受けても公表するのをためらい黙っているからですが、みんなで解決すべき問題だと思います。出版界が他の分野よりセクハラ被害が少ないという根拠もありません。もし少なかったとしても、「少ないから避け

第2節　職場環境をどう改善していくのか

て通ろう」とか、「なかったことにしよう」としてはいけない問題です。なぜなら人権に関する問題だからです。

司会：2016年には言論労働組合出版支部が出版界を対象に性暴力実態調査を行いました。それ以降は実態調査をしてはいないようです。この段階で信頼できる機関が、出版界全体を対象に全数調査を行う必要がありそうです。

鄭潤熙：出版産業ならではの特徴が考えられます。言論労働組合出版支部が提供した資料によると、常時10人未満の労働者を雇用する零細企業の比率が高いことです。2014年基準で従事者が5人未満の出版社の比率は64.4％でした。5人未満の事業所は労働基準法の一部条項と「男女雇用平等法」に記された募集と採用、賃金、福利厚生、教育・配置及び昇進、定年・退職及び解雇に関連した性別差別禁止条項目が適用されません。そして10人未満の出版社の事業所は82.3％に達しています。これらの企業は教育資料または広報物を掲示したり配布するだけで「セクハラ予防教育」になるのです。

　したがって、大多数の出版社が女性労働者の差別やセクハラを予防するための最低限の措置である、社内での「セクハラ予防教育」を合法的に実施しなくてもかまわないのです。

　問題は社内セクハラを予防すべき責任のある、出版社代表と上司がセクハラの加害者になっていることです。特に出版社は外注編集者や外注デザイナーも多いのですが、彼女たちもセクハラの対象になっているのです。したがって「男女雇用平等法」で規定する5人未満の事業所でも、社内セクハラ予防教育を実施し、特に事業主は必ず教育を受けなければならないようにすべきです。

朴商隆：他の側面ですが。私のように読者の立場から見ると、性的スキャンダルを起こした作家の作品に対して、どう考えるべきか、とても重要な問題だと思います。読者も衝撃を受けて傷つきますが、結局、出版社も被害を被ります。だから出版契約を締結する際に、出版社に対する損害賠償の文言を入れるべきでしょう。それで刑事処分を受けない問題には適用できるのかどうか。善意の出版業者が被害を受けるケースもあるからです。現行法の場合、被害補償の対象にもなりません。このように、出版社側はかなりのリスクを抱えている

第6章　職場環境と出版の未来

ことになります。出版契約を結ぶ際に、著者がどのような人物であるかを十分に知ることができないからです。

夫吉萬：ミートゥー以降、地域の演劇界がとても苦しくなったそうです。このような問題も過渡期だからなのでしょうが、性暴力の加害者のせいでその業界で働く善良な人々にまで被害が及ぶことがないように願っています。

金令愛：芸術活動をする方々は、芸術の表現や作品を魂の源と言います。思索や創作の根源に女性をぞんざいに扱ってもいいとの思考が、頭の奥深くにあるのかもしれません。読者がこのような内面世界を知っても、その人の作品を好み、認めるのでしょうか？　私はそうではないと思います。作品の世界が人々から認められる理由は、ある程度の道徳性、創意性、芸術性を担保にしているからです。性的スキャンダルはそれに対する裏切りですから、読者の立場からすると作家と作品性を一致させる必要があると思います。

司会：性的スキャンダルが起こる前に書いた作品もあるでしょうし、その後に書いた作品もありますね。ではスキャンダルが起きた後に書いた作品は廃棄し、それ以前に書いた作品は販売してもいいのでしょうか？

朴商隆：そのようなガイドラインはありません。作家のスキャンダルが報道されれば、結局すべての損害を出版社が抱えることになるのです。出版社のブランドイメージにも大きな影響を与えることにもなりかねません。

鄭潤熙：また反対に、出版社の社長や職員などの社内暴力が起こった場合、その出版社から書籍を出した著者が被害を被る例もあります。著者、出版社が互いの名誉や財産上の被害が生じないように「出版倫理綱領（指針）」も必要になると思います。

金令愛：損害賠償請求ではなく別のガイドラインが必要です。著者や出版社の性的スキャンダルで書籍が売れなくなると、どちらかが、損害賠償を請求するという意思表示をしなければならないでしょう。出版社の社長がそこまでしな

くても、と言うならばそれで終わりです。

朴商隆：そこまでする出版社がどれだけあるでしょうか。やらないでしょう。

鄭潤熙：広告主の立場では、モデルがブランドに損害を与えた場合、違約金の請求など多様な措置をしています。

朴商隆：広告はイメージで出版は文章なのです。それでも、このような問題を解決するために訴訟を起こせば、裁判所はどのような判断を下し、損害賠償請求を認めてくれるのか、因果関係は認められるのか、判例が生まれる必要性があるでしょうね。

鄭潤熙：そのような判例がなくても、文化体育観光部で業界と共につくった出版標準契約書に、事前に関連する条項を入れることも考えてみるべきでしょう。

朴商隆：契約は相互の同意事項です。このような場合に損害を賠償しなければならない、との文言を入れるべきで、そして賠償をどのように証明すべきかも問題です。例を挙げると、書籍が売れない分を賠償するのか、または出版社の信用下落により他の書籍の販売にまで影響を与えたとすれば、それも含めるのかについても考慮すべきです。

朴秀蓮：契約書上の強制的な文言よりは、こんな事例があるから考えてみて、それを反映させた契約を結ぼうという勧告程度にすべきでしょう。契約書にこの条項を入れると著者も不快に感じるのではないでしょうか。

朴商隆：出版社と著者の契約において、双方は人格を持った存在です。通常、契約期間中に起こった事実に対してだけ認めることができるが、契約期間の前や後に起こった事態までは含めることはできないと考えるべきでしょう。

朴秀蓮：とはいえ、作家の道徳性と性的スキャンダルをどのように、あらかじめ契約書に表現すべきなのでしょうか？

■ 第6章　職場環境と出版の未来

朴商隆：出版契約をする前に念書を取っておくのはどうでしょうか。

司会：これからは本当に出版契約書でも、著者や出版社の道徳性の問題が重要になってくるでしょうね。

鄭潤熙：出版社は自ら倫理経営に対する認識が必要です。出版契約期間内に「清廉履行に関する覚書」を、著者と出版社が交わしておくのも良い方法だと思います。

朴秀蓮：出版界は女性社員の比率が高いので、セクハラに対するガイドラインをつくり、きちんと教育をする必要があります。

夫吉萬：出版契約をややこしくする大きな目的はセクハラを予防することです。

朴商隆：高銀詩人の性的スキャンダルを暴露した崔泳美詩人を、保護してあげるべきだと思いました[注2]。番組に出演して告白した瞬間から攻撃を受けたりもしたでしょう。暴露によって出版界を沈滞させたとの理由で攻撃を受けたこともあるでしょう。このように暴露しても国は保護はしてくれません。このような問題も深く考える必要があるでしょうね。

朴秀蓮：ミートゥー運動が起こる前も、文壇や出版界ではかなり噂されていました。だから、これからは業界が自省する必要があります。

鄭潤熙：出版界も出版団体の長、出版社代表、出版社編集長を対象に定期的にセクハラ予防教育を実施すべきです。教育を主管するのは出版文化産業振興院がよろしいでしょう。教育を受けない出版社代表は出版支援を受けられないようにする方法もあります。それに社内で性暴力と関連した事件が起こった場

＊注2　ノーベル文学賞候補にたびたび取り沙汰される韓国文学界の高名な詩人、高銀氏が、女性詩人の崔泳美氏が発表した作品「怪物（Monster）」の中で、「En」という名の詩人から受けたというセクシャルハラスメント（性的嫌がらせ）として記述されたという事件。ただ、崔氏は詩の中でEnが誰なのか明確には特定していないが、登場人物の経歴や詳細が高氏と一致するとメディアや評論家も認めている。

第2節 職場環境をどう改善していくのか

合、各種の支援をすぐにストップさせる措置も必要でしょうね。

司会：出版文化産業振興院で調査した「2015出版産業実態調査」によると、出版事業体従事者3万524名のうち、51.1％が女性という調査結果が出ていました。それくらい出版界で働いている女性は多いのですが、出版界の男女平等についてはどのようにお考えですか？

鄭潤熙：出版界の男女平等調査についてはデータがないので関連資料を挙げてみましょう。女性家族部が調査した資料によると、2016年基準で500社の役員のうち、女性の比率は2.7％でした。女性役員が1人もいない企業は366社で、全体の73.2％に達しました。2017年に世界経済フォーラム（WEF）が発表した「2017世界性格差報告書」[注3]によると、韓国の性別格差指数は0.650点で全144か国のうち、118位でした。エチオピア（115位）、チュニジア（117位）よりも低いのです。

　性別格差指数は毎年各国の経済、政治など4つの分野、14の指標で性別格差を測定したもので、数値が1に近いほど男女平等であることを意味します。部門別指数を見ると、韓国の女性の経済参与及び機会が0.533点で121位、政治的権限の付与は0.134点で90位でした。

朴秀蓮：ほんの10年前には編集長や編集主幹は男性が大部分でした。これが女性編集人クラブをつくるきっかけになりました。女性編集者が集まって勉強し、女性編集者の声を社会に届けようという趣旨でした。それなのに、最近はなぜ女性を入れなければならないのか、もう入れなくともいいのではないかとの意見もたまに耳にするようになりました。

金令愛：後輩から「なぜ長く出版界で働いているのか」と、よく質問されます。私は女性として「出版編集者は良い職業」だと思っています。働いただけの成果が給料としてもらえるだけでなく、自分がつくった書籍を多くの人に読

---

*注3　男女格差指数は、ジェンダー・ギャップ指数（Gender Gap Index：GGI）とも呼ばれ、世界経済フォーラムが2006年より公表しているレポート Global Gender Gap Report（『世界男女格差レポート』）に公表されている。スコアはランキングの形で示され、世界の各国の男女間の不均衡を示す指標。日本は過去最低の114位である。

第6章　職場環境と出版の未来

んでもらえるというやりがいもあります。これを励みに、より良い書籍をつくる努力をしてきました。出版界では仕事をしっかり行い、多くの成果を出した人に、より多くの機会が与えられます。

　私の出版界の職場生活経験では、女性が能力を発揮できる環境だと思いました。営業組織には男性が多くて、編集者が書籍をつくって営業が販売を担当しますが、編集者の意見が多く反映されます。営業の立場からすると編集者に指示される感じがあり、営業組織には一種の脱力感があります。だから出版界の女性はかなり気が強いとよく言われます。これは女性に対する別の言葉の暴力とも言えるかもしれません。男女差別については、私は特に感じませんでした。

朴秀蓮：別の視点から見ると、こういう考えもあり得ます。出版界は賃金が高いほうではないですよね。男性は40〜50代を耐えられる給料水準ではないため長くは勤められません。だから女性社員が多くなってしまうのです。

金令愛：けれども、現在の韓国社会では出版界だけでなく、どの分野に行っても耐えるのは難しいでしょう。

朴商隆：出版界では男女が同じ給料でも女性は甘受しています。男性は結婚したら出版界で得られる給料では生活できないため、他の分野に転職するケースが多くなるのです。

金令愛：私がこれまでお話ししたことはチャンスに対する部分です。個人の能力によって異なると思います。会社員が3年、5年などピンチの時期を乗り越えれば20年以上の勤務もできますが、乗り越えられない場合もあります。

　それで逆説的に男性が働くよりは、女性に有利な環境でもあるということです。出版界が女性労働力中心であるため、一般的に男性より早く昇進できる機会が得られることもあるのではないでしょうか。

夫吉萬：男女平等問題で考えなければなりませんが、出版界は全体的に福利厚生と給料の水準を上げるべきです。

第 2 節　職場環境をどう改善していくのか

司会：韓国社会でミートゥー運動が広がったので、大韓出版文化協会が韓国女性編集人クラブと共に、2018 年 2 月 28 日に「出版界セクハラ相談申告センターを運営する」という報道資料を発表しました。その後、どのように活動していますか？

朴秀蓮：私は同意して支持することにしました。残されているものは、これから議論していこうと話していた部分です。大韓出版文化協会側と 1 回目の面談を行いましたが、簡単に近づける事案ではなかったのです。まずオンライン上で相談申告センターを運営してみようとしましたが、それは簡単ではないのです。単純に近づいてはダメだろうという結論になりました。慎重に考える必要があるので 1 回目は会議だけ行い、後日また議論することにしました。

夫吉萬：以前、私が出版社で働いていた頃、産業別労働組合に出版労働組合がありました。今はなくなってしまいました。出版界に従事する労働者が悔しい目に遭ったり、労務と関連することで訴える場所が必要なのに、それがないのです。出版労働者が大韓出版文化協会を訪ねて労務問題やセクハラに関連する相談や申告をすることはできません。そういう点で韓国女性編集人クラブの役割が重要だと思います。韓国女性編集人クラブはどのような役割を果たしているのでしょうか？

朴秀蓮：韓国女性編集人クラブは、社団法人ではなく編集者のサークルのようなものです。事務室があったり、幹事のいる組織ではありません。現在オフラインで活動されている方は約 30 名程度です。

夫吉萬：300 名くらいいれば力がつくでしょうに。出版界の女性編集者を代弁できる力を持っていればと思うのですが……。

金令愛：韓国女性編集人クラブでは、出版社の代表になった方は脱退しなければならないのですか？

朴秀蓮：そんなことはありません。近いうちに結成 30 周年を迎えます。最初

203

■ 第6章　職場環境と出版の未来

に参加した方が今も参加しています。編集者から出版社を創業して代表になった方もいます。ですが20代などの若い人はいません。会員の推薦によって加入できることになっているため簡単には入れません。それで加入条件について新たなプランを考えています。

金令愛：では満場一致の場合は、加入できるのですか？

朴秀蓮：運営委員会で加入を満場一致で決める必要がありますが、推薦されればほぼ加入できます。

金令愛：電子書籍をつくっている分野は、紙の本の出版社の編集者よりも労働密度が高いようです。この分野も出版界の範囲なのですが、こちらの勤務環境はどうなのか知られていません。出版界は一部、見聞きしたことだけを語り合っているようです。デザイン、電子書籍、紙の本、すべてを交えて語り合うことができる環境をつくらなければならないのではないでしょうか。

朴秀蓮：編集者は大体、目立たないようにします。私も出版界で長年働いてきましたが、出版社のほかのことは関心を持たなかったように思います。

鄭潤熙：『出版ジャーナル』で2006年7月から記者として働きながら感じたことがあります。出版界には権力が存在し、その権力を持った人たちがインナーサークルをつくり利益を図ったり、アジェンダを作成するのを見てきました。男女平等に対する議論は、アジェンダをつくったり、重要な会議をする時に、いつもスピーカーの役割をしてきた人だけがいつもするのです。それも男性だけです。代表的な例として、出版文化産業振興院が主管する出版会議でも、司会者から提案者、討論者の全員が男性だけのことが多いようです。いつも発言する人だけで行うため、出版界が発展していけないのでしょう。

朴秀蓮：私はミートゥーが社会的な問題であり、出版界だけの問題とは思いません。韓国社会の問題であり、OECD国家のうち、韓国は女性の地位が全体的に低いため出版界も同じことが言えるのだと思います。

第 2 節　職場環境をどう改善していくのか

夫吉萬：ミートゥー運動と関連して出版界の役割が重要です。私たちの社会の問題を、出版を通してどのように改善していくのかを考えるにつけ、出版がとても重要な役割を担っているのではないでしょうか。

鄭潤熙：出版が重要な役割を果たすためには、出版界のリーダーが率先垂範すべきで、出版倫理に対する認識が必要なのです。出版倫理には性倫理に関する規定も含まれています。

韓国「国民読書実態調査」の結果から（その1）

　2017 年に「1 冊以上の本を読んだ者（成人）」は 10 名のうち 6 名、読んだことのない者を含む成人の年間読書量は平均 8.3 冊だった。いずれも前年に比べて減少傾向を示している。文化体育観光部（省）は「本と社会研究所」に委託実施した「国民読書実態調査」の結果をこのほど発表した。調査対象は満 19 歳以上の成人 6 千名、初等学校 4 ～ 6 年生・中学生・高校生の 3329 名。調査時期は 2017 年 11 ～ 12 月である。

　＜読書率＞　「1 年間に 1 冊以上の本を読んだ者」（成人）は、回答者全体の 59.9％だったが、これは前年（2015 年）の 65.3％に比べると 5.4 ポイントの減少で、学生全体では 91.7％が「読んだ」だった。こちらも前年の 94.9％からわずかに減少している。この学生の読書率を学校別に見ると、読書率は初等学校 96.8％、中学校 97.5％、高校 87.2％で低下傾向にある。

（⇒ 208 ページに続く）

205

■ 第6章　職場環境と出版の未来

第3節

フェミニズム図書の社会的意義
―― 勝者独占社会がもたらした性差別 ――

司会：それではフェミニズム図書 *注4 のことに重点を移し、座談会を続けたいと思います。最近、フェミニズムに関する図書が多く出版されており、読者も関心を持って読んでいます。フェミニズム図書のトレンドと社会的意味をどのようにお考えですか？

朴商隆：男性と女性を区分したり、男性と女性がするべき仕事の境界が徐々になくなっています。男性の立場では女性がより有利だと考えます。例を挙げると、警察指揮部に女性警察官がいないので男女の比率を合わせなければならない場合、強制的に比率を合わせるため、まだ昇進まで期間のある警察官を昇進させたりします。だから価値観が混同している理由は、なぜ男性と女性を区別しなければならないのかということです。問題はこのようなことが教育を通してすべきだということで、これらとの関連づけでフェミニズム図書も出版されているのでしょう。

朴秀蓮：結局、ミートゥー運動は権力争いだと思います。相手には理解を求めるけれど、自分は譲ろうとしない、電子掲示板のメガリアや1990年生まれのキム・ジフン（クラウドファンディングで始めた男性差別時代の男性のための書籍、1990年生まれのキム・ジフンプロジェクト）の立場もあります。今は過渡期

＊注4　フェミニズム（feminism）とは女性主義とも呼ばれ、性差別を廃止し、抑圧されていた女性の権利を拡張しようとする思想・運動をいう。性差別に反対し女性の解放を主張する思想・運動などの総称。

ではないでしょうか？

　多様な視点から議論するフェミニズムの書籍が出版されることが望ましいですね。多様な視点があるということは、多様な議論がされていることでしょうし、この機に公論化するのが好ましいと思います。そのうちに整えられていき、自然に男女平等と性に対する認識が変わると思います。短時間には絶対に無理と思います。最低でも5年、10年は必要でしょう。

朴商隆：今回のミートゥーでも問題になったのは、告白した人が徐志賢検事のように社会的に地位がある人だったことです。そのためにいっそう話題になったのです。もともと、検察の領域に女性は入れませんでした。検察庁には凶悪事件を扱う凶悪部があります。徹夜調査もします。女性にとって一番の問題は子育てです。休職もしなければならないし、休職したらその仕事を誰かが代わりに行わなければなりません。その次に人事問題もあります。子どものために人事異動にも不満が多いのです。男性の立場からすると、女性をあまりにもひいきにしているのではないかと思います。検事なら同じように働くべきだという考えになるのです。韓国社会はこのような社会的風潮なので対話する必要がありますが、それができないのが問題ですね。

金令愛：フェミニズム関連図書はもう少し軽くしてほしいです。最近は小さくて軽くておしゃれな本がトレンドですよね。若い人の目線に合うようにフェミニズム関連図書も、ある一方の主張ではない男女平等の立場から多様化された書籍が出るならうれしいのですが……。

　私は朴商隆弁護士の話を聞いて気づいたことがあります。韓国が今のこのような状況になったのは「勝者独占社会」へ向かった結果だと思います。だから男性が法律で保障された育児休暇も取れずに、女性の同僚と一緒に働くことを避けたがるのではないでしょうか。

　これまでセクハラされても、何も言えず静かに過ごしてきた女性や、資本主義社会で最後まで残ったのは、結局は力の強い者が勝つという論理に合わせた結果だったと思います。それで文在寅政府による勤務時間を短縮する政策はとても良いことだと思います。仕事の量を減らし、その分の給料は他の人の働く場をつくって分け合い、先進国のように自分の人生を振り返り探求していける

第6章　職場環境と出版の未来

社会になってほしいと思います。そうすれば誰もが労働の価値を平等に受けられるため、無理に誰かに酒を飲ませて抑圧するようなことは起こらないでしょう。良質な職場を出版界が広く創出することが必要です。産業の規模もより大きくならなければなりません。

鄭潤熙：女性も女性の職場環境について知らずにいたため、今回のミートゥー運動を通じて深く記憶されました。フェミニズム図書は読者のニーズを満たす役割をします。女性だけがフェミニズム図書を読むのではなく、男性も一緒に読んで討論する場が多く開かれるとよろしいのですね。社会では男女が一緒に生きていかなければならないのですから……。

韓国「国民読書実態調査」の結果から（その2）

　<読書量>　成人回答者の読書量は、年間平均8.3冊だった（この回答者には年間1冊も本を読まない者も含まれている）。2015年の9.1冊に比べると、0.8冊の減少になるが、「読書したことがある者」だけを対象とする調査結果では13.8冊で、これは前年の14.0冊とほぼ同様だった。学生全体の年平均読書量は28.6冊（初等学校67.1冊、中学校18.5冊、高校8.8冊）で、前年の29.8冊に比べると若干の減少を示した。

　<読書時間>　成人の読書時間（紙の本＋電子ブック）は平日23.4分、週末27.1分で、平日と週末の差は広がってはいないが、反面、学生の読書時間は、平日49.4分、週末68.1分で、成人の2倍以上になっている。

　平均読書率、読書量の減少にもかかわらず、読書時間が増加しているのは、読書しない者を除外した「読書した者の読書時間」が増加したためと分析される。成人（紙の本の読者）の読書時間は2年前に比べて、平日32.9分から38.5分に、週末は34.4分から42.7分にわずかながら増加した。特に学生の（紙の本＋電子ブック）の読者の読書時間は2年前に比べると、週末に約14分（81.8分→95.4分）へ増加している。

（⇒211ページに続く）

第4節

働きやすい職場づくりのために

司会：それでは、最後に「ミートゥー以降、良い職場のためのプランづくり」に話を移して、座談会を進めていきたいと思います。

朴商隆：出版界が良い職場をつくるためには経営者と管理者の考え方から変えなければなりません。問題はセクハラ、性的暴行、性暴力の概念をよく理解していないことです。今、ミートゥー運動で最も重要なことは何かと言うと、被害者を保護してあげることです。被害者は当事者であるけれど、加害者の知人であるかもしれません。そのことを念頭に置いていません。時には事実が究明されるまで加害者をもう一度調査する必要があります。テレビ番組などで魔女狩り式に興味本位に、あまりに露骨に描写してはいけないと思います。

夫吉萬：韓国社会は競争体制がひどく強化され、両極化が深まり勝者独占社会になりました。1％の人間が46％の富を持っているほどです。つまりすべての問題は教育の問題に帰結します。創意的で協力し合える人物を育てるべきなのに、韓国の教育はそれを実行していないのは残念な点です。私たち出版産業界がどのような出版物を出すかについて深く考えてみなければならないでしょう。

鄭潤熙：まず法制度の改定及び新設を通じた性暴力実態の改善が必要です。これについて言論労働組合出版支部が性暴力実態改善案を出しました（章末の資料参照）。関連法改善を通じて性暴力の死角地帯が生じないようにすることです。

　言論労働組合出版支部が「出版界性暴力実態調査報告書」に、具体的な対案

209

第 6 章　職場環境と出版の未来

を提示しました。結局、政労使の協力を通じて性暴力のない勤務環境をつくり、自浄する必要があると思います。5 人未満、10 人未満の事業所が多い出版社は、個別出版社でセクハラ予防教育を行うのが難しいなら、出版団体や出版文化産業振興院が出版社の代表者、役員、従業員を対象に定期的に教育して、社内の定款や社内規定に「性暴力関連指針」も準備しなければなりません。

金令愛：両親にも「性暴力教育資料」を渡すべきだと思います。家庭で親が子どもを教育する時に必要です。

鄭潤熙：書籍は精神の産物であるため、書籍をつくる人が良い職場をつくるためにこのような議論を積極的にすべきだと思います。最近の研究資料である「職場内いじめ対策を講じるための実態調査」（雇用労働部、2017）によると、デンマークが早くから「最も幸福な国家」をモットーにしたように、各国の関心は国際的無限競争体制から経済的成長を超え、精神的ウェルビーイングに注目する職場次元でのいじめに対する関心が集まっているようです。

　韓国は 8 つの分野（世界中の国家を評価する World Happiness Report 2016）で58 位、11 の分野において OECD 加入国を評価する Better Life Index で 36 位と、国民の幸福または満足指数がとても低いと評価されました。ミートゥー運動を契機に、出版界も良い職場をつくるために努力することを期待しています。

　韓国出版文化産業振興院が、4 月 2 日になってやっと振興院のホームページに性暴力相談申告センターを運営すると公表しました。振興院長が空席で代行体制であるとしても、出版界を公的に支援する振興院が出版界に従事する人々に、より大きな関心を持つべきだと思います。公表して終わるのではなく、性暴力など、職場内いじめ問題が起こらないように、徹底的に監視して被害者を保護する役割を果たすべきです。そして、政府と出版社が共に良い職場環境をつくることに持続的な努力が必要です。

朴秀蓮：性暴力に対する問題は、直ちに何かをするべき焦眉のテーマですが、もっと議論していく必要があるでしょうね。

司会：さまざまなご意見をお伺いしました。ミートゥーや男女平等、フェミニ

ズムが急に関心事になり話題になったように思いますが、以前からあった課題なのです。私はこのような動きが一時的な動きで終わるのでないかと心配でなりません。

最近はフェミニズム図書が別に分類され陳列されています。特別のジャンルとして扱われることを奇異に思われなければならないということです。そしてこのような教育は社会でだけでなく家庭での教育からも変わるべきだと思います。

良いコンテンツをつくるには、出版社も楽しい職場にする必要があると思います。この機会に時間がかかったとしても、良い職場、働きたい出版界に生まれ変わることを願い、このような努力にこの座談会が役に立つことを願っています。

韓国「国民読書実態調査」の結果から（その3）

＜読書場所＞　どこで本を読むのか、読書場所については、成人、学生ともに「自宅」（成人59.0％、学生48.7％）が最も多く、次いで、成人は「職場」（13.2％）、「外で移動中に」（10.1％）、学生は「教室」（21.5％）、「学校の図書館」（10.9％）の順。これらは前回の調査と大きな相違はないが、「カフェ」（成人4.5％、学生1.9％）の登場が目新しい現象だろう。

＜読書の障害要因＞　障害要因としては、成人は「仕事のために時間が取れない」（35.2％）の回答が最も多く、「携帯電話を利用、インターネット、ゲームをするので時間がない」（19.6％）、「別の余暇活動に時間を割かれて」（15.7％）などが指摘された。学生の場合は、「学校や塾のために本を読む時間がない」（29.1％）の回答が最も多く、次いで「本を読むのが嫌いで、読む習慣がない」（21.1％）、「携帯電話、インターネット、ゲームをするので時間がない」（18.5％）の順だった。

成人の場合「仕事のために時間が取れない」との回答は、性別では男性、学歴別では高学歴であるほど高くなっており、学生の場合は「学校や塾のために本を読む時間がない」とするものは、特に高校生が相対的に高くなっていた。

第6章　職場環境と出版の未来

<**資料**>　**言論労働組合出版支部が提案する性暴力実態改善案**

　男女雇用平等法は、何よりも人的適用対象を「労働基準法」上の労働者に限定している点に問題がある。労働基準法による労働者には労働契約期間及び労働形態を問わず、臨時職、契約職、時間制労働者もすべて含まれるが、特殊雇用職など労働者の資格を認められていない者は労働者に該当しない。また、男女雇用平等法には顧客など第三者のセクハラと関連して被害者に対する事業主の不利益措置禁止規定があるだけで、行為者に対する措置義務条項は規定されていない。そればかりか、10名未満の事業所については、教育資料または広報物を掲示したり配布する方法だけで職場内セクハラ予防教育に代えられる。職場内セクハラ予防教育の実効性を担保にすることは難しく、セクハラ関連苦情相談院や苦情申告手続きを準備することを義務化してはいない。ただし労働者が苦情を申告した時には「労働者参与及び協力増進に関する法律（以下、労参法）」に従って、該当事業所に設置された労使協議会を通じて解決努力義務規定があるだけなので、零細事業所に所属した労働者は事業所内のセクハラ苦情処理手続き構築を期待できない実情である。

　第1に、女性労働者の立場で男女雇用平等法も男女平等基本法のように「雇用上の不利益」に限定せず「不利益」と包括的に規定し、利益供与の意思表示をセクハラ行為規定に明示する必要がある。国家人権委員会はやはり2016年9月8日に「セクハラ2次被害予防及び制度改善政策勧告案」を発表し、常時、労働者が一定規模以上の事業所についてセクハラ被害予防と救済手続き規定制定を義務化し、セクハラ苦情処理担当者に対する専門教育を強化し、具体的な業務処理マニュアルを制作及び配布するよう勧告したことがある。20代国会開院以降、提出された男女雇用平等法改正案のうち2件（キム・サムファ議員代表発議案、クォン・ミヒョク議員代表発議案）で、セクハラ被害労働者または被害申告者について事業主の不利益措置が禁止されるように具体化された規定を定めている。

　第2に、人的適用対象の拡大が必要である。基本的に常時10名未満を雇用する事業所に対しても職場内セクハラ予防教育を義務化すべきである。もちろんこのような零細事業所では外部の専門機関を通じたセクハラ予防教育の実効性が十分ではなかったり、財政的負担の恐れがあるため政府次元で、産業別・地域別拠点の専門機関を選定し連携システムを構築する必要がある。また、適用対象を労働基準法上の労働者と限定せずに、職場外の関係または顧客によるセクハラ、特殊雇用労働者に対するセクハラなどをセクハラ規制範囲内に含めるべきである。

（⇒　次ページに続く）

第4節　働きやすい職場づくりのために

　残念ながら20代国会開院以降提出された男女雇用平等法改正案総14件のうち、特殊雇用労働者に対するセクハラなどをセクハラ規制範囲内に入れた案は一つもないのが実情である。ただし19代国会で特殊形態労働従事者に対するセクハラなどをセクハラ規制範囲内に含んだ男女雇用平等法改正案が提出されたことがあるが、会期満了により廃棄され、この改定案で意味する特殊形態労働従事者さえも「独立事業者形態で労務を提供したとしても特定の雇用主の事業に編入されたり、その事業の普段の業務のために労務を提供しその雇用主または労務を提供される者から対価を受けて生活する者」と規定され、外注出版労働者のように、いわゆる非専属的特殊雇用労働者に対するセクハラなどをセクハラ規制範囲内に含まない内容になっている。したがって外注出版労働者など複数の雇用主の業務のために労務を提供し該当事業主から対価を受ける非専属的特殊雇用労働者に対するセクハラなどをセクハラ規制範囲内に含んだ男女雇用平等法の改正が必要である。

　第3に、顧客など業務と密接な関連がある者によるセクハラ発生時、労働者に対する保護措置を明白にし、差別と暴力のない職場環境をつくらなければならない。20代国会開院以降、提出された男女雇用平等法改正案のうち、2件（キム・サムファ議員代表発議案、クォン・ミヒョク議員代表発議案）に、顧客など業務と密接な関連がある者によるセクハラが発生した場合、労働者に対する保護措置義務が具体化された形態で規定されている。しかし顧客などに対するセクハラ行為中断および労働者に対する接近禁止要求などの義務にすぎず、事業主の生ぬるい措置義務を規定しているだけである。したがってこれに対しては19代国会に提出された「感情労働従事者の保護などに関する法律案18」の規定を参考にする必要がある。同法律案第9条および第10条によると、感情労働従事者が提供するサービスを利用する者は感情労働従事者に暴言、性的屈辱感・羞恥心を与える行為をしてはならず、これに違反した場合は懲役6か月以下または500万ウォン以下の罰金に処する。これを参考にし、顧客など業務と密接な関連がある者にもセクハラに対する処罰規定をつくれば、より強力な効果を発揮すると期待される。

　第4に、労使協議会の協議の対象事項にセクハラ予防政策などを入れる必要がある。男女雇用平等法にはセクハラ関連苦情処理過程で、労使協議会で自律的に解決できるという規定（第25条）があるだけであり、労使協議義務については規定されていない。セクハラは組織構成員の意識と関連の深さによって組織内意思決定主体らの参与を活性化する必要性がある。よって男女雇用平等法にセクハラ関連組織内政策を樹立、実施することによって労使協議会、労働組合または労働者代表など労働者の意見を収集、反映しなければならない。

特別寄稿

『出版ジャーナル』の出版文化史的意義と課題
―― 書籍文化生態系の模索と対案を探求して ――

夫吉萬
（前韓国出版学会会長）

ドイツの思想家のショーペンハウアーは、新聞を「世界史の秒針」と比喩した。秒針がいつも規則に従って同じ動きを繰り返すように、新聞も定期的に発行されて、世界の歴史を引き受けているからだ。

同様に『出版ジャーナル』は、時計の秒針のように規則的に活動しながら韓国出版界を注視し、出版の歴史の生き証人の役割を果たしてきた。

1. 中断の危機の中からの夢と冒険

振り返って見れば、『出版ジャーナル』は発行が二度も中断される事態を経験している。最初の中断は2002年6月で、発行元である韓国出版金庫（現在の韓国出版文化振興財団）が、発行を停止するに伴い数か月の休刊をした時だった。翌2003年に大韓出版文化協会が引き受けて復刊したが、わずか5年後の2008年9月号を最後に、二度目の中断を余儀なくされた。

二度目の中断の際には、3か月後の12月に発行が再開された。この時は団体ではなく、個人（当時の主席記者だった鄭潤煕氏）が発行人を引き受けた。その後は現在まで10余年間、たゆまず順調に発行を続けている。

2. 未来への遺産

　こうしてみると『出版ジャーナル』の歴史は、アイロニーと言えるかもしれない。相当な予算と組織力を備えた出版団体でも運営が困難で、両手を挙げて出版専門雑誌の発行を一個人が引き受け、いっそう美しく立派なものを発行しているのだ。2008年12月以後の『出版ジャーナル』は、出版文化の向上という創刊時の精神をよみがえらせながら、国内外の著述、出版、書店、読書界を合わせた多彩で拡張された内容、それに加えて洗練された感覚とデザインで、読者に迫る努力を少しも怠ってはいない。

　こうした努力は、政府や出版関連団体から、何度も高い評価を受けることにつながった。具体的には、文化体育観光部の「優秀コンテンツ雑誌」への選定、韓国出版学会賞「企画編集部門」の受賞、韓国言論振興財団の「疎外階層雑誌支援対象」などに選ばれた。さらに事業領域も大きく拡大された。いくつかの事例を挙げると、文化体育観光部の「韓流雑誌翻訳支援対象雑誌」に選定され、英文版と中国語版デジタルマガジン『K-Book Review』を発行したことがあり、2017年には法人名をPRN（Publishing & Reading Network）KOREAに変更し、新たに『読書経営』を創刊した。法人名からも、今後、韓国出版を世界的視野で注視しようとする意思を読み取ることができそうだ。

3. 使命感と文化意識の違い

　このように、雑誌発行で経済力と組織を備えた団体がお手上げになり、失敗した雑誌を、個人が活気づけて発行している、その違いはどこからくるものなのか？　それがまさに使命感と文化意識の違いなのだ。

　歴史的に見ても、韓国での雑誌発行は資金力や組織の力を利用した団体で

やってきたものではなく、確固とした使命感と文化意識を持った先覚者によって成されてきた。開化期に雑誌を刊行した先覚者がそうで、朝鮮戦争の折に、避難地で『学園』や『思想界』を創刊した金益達、張俊河先生のような人物の場合もそうだった。彼らが活躍した時代と環境や背景は異なるが、確固とした使命感と文化意識は共通していたのである。

　これは韓民族の文化的遺伝といえるかもしれない。高麗人は外敵の侵略を受けながらも、八萬大蔵経（はちまんだいぞうきょう）を刻み、世界最初の先端情報技術である金属活字を発明し、15世紀朝鮮の世宗大王は、下層民衆をコミュニケーションの主体と認識し、ハングルを創製した。こうした一連の歴史的事実は、韓国の民族の文化的自負心を高める出版文化の伝統を引き継いだものだ。

4. 民主化の成果と飛躍

　『出版ジャーナル』は韓国の代表的出版専門誌である。同誌が創刊された1987年7月は、韓国社会で民主主義が部分的ではあるが、勝ち取られた時期だった。この年に民主化を叫んだ学生と市民の6月抗争に耐えかねた軍事政府は、「6・29宣言*注1」を発表し、直選制改憲、言論出版の自由などを約束するに至った。当時は新聞、雑誌だけでなく、出版社の設立も根源的に封鎖されていた状況だった。「6・29宣言」後に出版社の設立が自由になるにつれ、出版社数も大きく増加した。1987年に3004社だった出版社数は、1989年に5106社を記録した。出版界の力がさらに大きくなり始めた時期でもある。

　『出版ジャーナル』創刊号（1987年7月20日）の発行人（鄭鎮粛：乙酉文化社会長、故人）のコラムの題名も、「読書文化の拡張と充実化のための公論」であ

---

*注1　6・29宣言とは、民主化宣言とも呼ばれ、1987年6月29日に、盧泰愚大統領候補（民主正義党代表委員）が発表した政治宣言のこと。正式名称は「国民の大団結と偉大な国家への前進のための特別宣言」という。

り、書店・出版・言論界の人物による巻頭座談会のタイトルも、「韓国出版、広がり深まった」だった。当時の出版界の時代的雰囲気を反映していることがわかる。

　この頃の記事を見ると、「『出版弾圧白書』発刊」（第 2 号）、「図書流通近代化のための決議文採択」（第 3 号）、「フランクフルト図書展に、図書 576 点出品」（第 4 号）、などを出版界の主要ニュースに選び出している。このように、出版界は権威主義政府に抵抗する一方、内部的には図書流通構造の改善に力を入れ、出版の国際化にも本格的に取り組み始めていた。

　その後も『出版ジャーナル』は出版関連分野のニュースと論点に対する点検はもちろん、韓国と世界の書籍文化全般を知らせる役割を忠実に果たしてきた。雑誌は書評誌として書籍自体に対する分析と評価にも多くの力量を発揮したが、同時に 1 冊の本が著述から読者の手に渡るまでの過程全般に対しても関心を持ってきた。これに伴い、興味本位で編集される他の媒体からは注目されない著述家、出版企画編集者、書店、図書館や読書運動団体などを幅広く発掘し、紹介してきた。

　特に、ある分野で一家を成した著述家を表紙モデルに登場させ、詳しく紹介してその人物の創作意欲を高めさせ、文化発展にも大きく寄与してきた。こうした『出版ジャーナル』の記事を追いかけていくと、韓国の精神文化史が濃縮されていると改めて感じさせられる。同時に、時代の歴史、社会相、文化現象などが如実に現れていて、改めて出版という行為の偉大さを実感させてくれる。

5.　書籍文化に関する先駆的成果

　『出版ジャーナル』は、また、出版文化史の定立にも大きな関心を寄せ、「証言で編んだ解放前後出版界」「わが時代のベストセラーの社会史」「本の年に探し出した本の名所」など、貴重なテーマを連載したこともある。

これらとともに、学校の読書教育、出版規制、著作権問題、海外出版・輸出動向など、出版界の懸案事項についても先駆的に対応してきた。とりわけ、出版界においてもあまり関心をひかなかった「地域出版」に関する問題を、すでに1988年7月号で企画記事として取り上げている。高く評価しなければならない。地域出版は30余年が経過した最近になって、その重要性が出版界内外で論議されるようになった。2017年5月、済州島で40もの出版社作成の書籍と雑誌を展示し、意見交換する「地域出版図書展」が開催されたが、『出版ジャーナル』誌は、同年6月号の表紙に地域図書展の写真を掲げ、その内容を詳しく記事で報じている。

6. 書籍文化生態系と出版の未来

今後、『出版ジャーナル』がさらなる発展を遂げることを期待し、今後の課題を、次の三つに整理してみた。

第1に、韓国の歴史に現れた出版文化の先覚者たちの精神を引き継ぎ、韓国出版の方向を先導する媒体とならねばならない。

未来に対する設計として地方分権時代、第4次産業革命、多文化社会、高齢化時代などに対応する出版活動を展開することができるように、世論を先導すべきである。また、出版界の重要な課題として統一と出版の問題を見過ごすことはできない。統一を準備する出版、統一以後に備えた出版ができるように、特別な関心を持たねばならない。現在、「南北同胞語辞典」の編纂も中断している状態なので、速やかな再開が望ましい。それとともに、「南北出版物目録」の交換、出版人の交流、南北共同著述編纂、古典の共同出版事業などを成し遂げて、統一の時代を開いていくように努力を期待したい。

第2に、専門性と大衆性の調和を図ることである。

出版業は文化性と産業性の調和が必要とされる。同様に『出版ジャーナル』

は、専門家的識見を強化すると同時に、読者大衆とともに歩まねばならない。同誌の創刊当時は、高級な読者を対象に専門家のための雑誌を目指す傾向もあったが、30年が経過した現在は、専門家と読者大衆のすべてを満足させる雑誌を指向すべきである。今の読者の水準はかなり高いから困難な課題ではない。確かに、読者は80年代にいち早く難しい社会科学の書籍を、ベストセラーの隊列に入れたことがある。専門性と大衆性の調和は、雑誌の最近の企画に現れてもいる。

　雑誌2016年2月号の企画記事には、解放以後から現在までのベストセラーを紹介する「ミリオンセラーの誕生」があるかと思えば、2016年3月号の記事「私の50選」などは、時代の流れを提示しながら、専門性と大衆性の調和を果たしている。特に、専門家が推奨する水準高い出版物が、大衆性を確保するに伴い、韓国出版市場を大きく拡張することが、すべての出版人の使命であり、『出版ジャーナル』の課題でもある。こうした出版の未来を展望し、若くて有能な人材が出版界に大挙参入するように、雑誌が先頭に立たねばならない。

　第3に、社会的弱者のための読書と出版に関心を示してほしい。

　フランスでは障がい者、入院患者、収監者らに、それぞれの状況に応じて本や作品をつなぐように配慮し、アメリカでは地域社会を中心に低所得層のための図書館サービス及び技術支援に関する法案を準備したことがある。韓国でも障がい者、多文化家庭、少年少女家長、孤独な独居高齢者、貧困家庭などの社会的弱者が、思う存分、書籍文化を享有できるように世論に訴えていく必要があるのだ。

　2018年10月9日　ハングルの日に

（翻訳：舘野晳）

座談会を終えて

『座談会から見えてきたもの』
── 書籍文化生態系の模索と対案 ──

金 貞明
（新丘大学メディアコンテンツ科兼任教授）

　「こんどはどんな人に会えるだろうか」。こんな思いで『出版ジャーナル』の座談会は事前の期待を募らせてくれた。書籍文化生態系を語る座談会は、3時間を超えるのが常だった。時間を忘れて語り合った参加者は、名残惜しげに再会を約し、座談会は終わりを告げるのだった。

　『出版ジャーナル』500号特集で、「書籍文化生態系の模索と対案」というテーマで、最初の座談会を始めた時、私は出版界の大勢の方々にお会いして、さまざまな話を伺うことができるし、各自の意見を共有することができると考えた。まだよく知られていない書籍文化生態系を、少しでも知りうる機会になるのでないかとの期待もあって座談会に臨んだのである。

　『出版ジャーナル』が、2017年に通巻500号を迎えたのを記念し、座談会をこの号から開催した。座談会で私は、司会として発言するよりも、もっぱら聞き手の側にまわった。書籍文化生態系に対して語りたい人々が大勢いることを考えて、各自各様の仕事をしている方々にお目にかかり、一つの主題のもとに話し合う機会は、それほど多くはなかったと思ったからである。そして司会者が語る場ではなく、参加者が語る場にして、それをサポートするのが私の役割になると判断した。

　第1章と第2章は、書籍文化生態系の現在を各自の観点で診断し、2017年の

イッシューを選び出してみた。第3章、第4章は書店と図書館が当面する問題点と対策などを模索したもので、第5章は地域出版関係者と語り合った。第6章は韓国社会の当面課題であるミートゥー問題と関連し、健全な「書籍文化生態系」をつくり出すための出版界の職場環境について意見交換を行った。それぞれの座談会では、出版界が考えねばならない重要なテーマを取り上げている。

　全6章まで進行した座談会で、総勢21名の方々とお会いすることができた。これらの方々が伝えてくれた韓国の「書籍文化生態系」は、各自の見解は異なっていても、私には同じ質の発言のように思われた。

　座談会の参加者は、必ずしも出版業界を代表しているわけではないが、しかし、21名の意見を座談会の記録として集約できたのは、とても重要なことであるに違いない。

　健全な「書籍文化生態系」を築くためには、誰かが何をしなければならないという問題ではなく、みんなで協力して何かをしなければならないということだ。だから、各自がそれぞれの立場で、互いに力を出し合い、互いの連結と意思疎通を図り、「書籍文化生態系」を探り出さねばならないと思う。

　『出版ジャーナル』の座談会が、書籍文化生態系の構成メンバーとともに、意思疎通を図る契機になったとすれば、こんなにうれしいことはない。

　『出版ジャーナル』の座談会では、参加者が多くの貴重な話をしてくださった。そして座談会の後には、これを整理するのに多大な苦労をおかけした。その結果が、このたび韓日両国で単行本として刊行されることになったことに対して、参加者各位に代わって感謝の念をお伝えしたい。

　健全な「書籍文化生態系」をつくり出すために、この座談会シリーズは今も続行している。

　　2018年11月11日　韓国・「書店の日」に……

■ あとがき

本書が生まれるまで…あとがきに代えて

2017年12月、翻訳家の舘野晳さんから、一通のメールをいただいた。
そのメールには、『出版ニュース』に寄稿する原稿が添付されていた。
「ぜひ読んでいただければ幸いです」とあり、「面白いテーマだから、この連載を翻訳して本にしてみませんか」とのお誘いだった。そして間もなく翻訳作業が始まり、その原稿が次々と私の手元に送られてきた。

2018年6月19日、舘野さんと各章ごとの翻訳をサポートしてくださった5人の翻訳者の方を交え、私たちは、ソウル図書館の中にいた。
翻訳出版の「夢」を実現するために『出版ジャーナル』の鄭潤熙代表と打ち合わせるための訪韓だったが、会合時間までに余裕があったので、話題の「ソウル図書館」を見学させていただいたのである。
有意義な見学を終え、場所を移して『出版ジャーナル』との打合せに入った。お会いした瞬間から、旧知の間柄だったように会話が弾み、翻訳出版の契約事項がほぼ整った時、鄭潤熙代表から、サプライズの提案があった。
なんと、「韓日共同で、この本を同時に刊行する」という協定書が用意されていたのである。こうして、私たちの「ミッション」は始まり、幾度かのメールでの意見交換や校正が終わり、この本が生まれた。
本書は、『出版ジャーナル』の鄭潤熙代表とその強力なブレーンである元・韓国出版学会会長の夫吉萬先生並びに韓国側の通訳をしていただいた韓国出版学会総務理事の金貞明先生の公私にわたるご協力の賜物である。
同時にその原稿を訳していただいた5人の翻訳者（山口裕美子・水谷幸恵・渡辺麻土香・山田智子・宗実麻美さん）と監修翻訳者として、その翻訳原稿を整えられた舘野晳さんのご協力なしには、本書は生まれなかったに違いない。日韓の協力者の皆さんに改めて感謝申し上げます。

（出版メディアパル編集長　下村昭夫）

写真は和やかな雰囲気で進む翻訳出版の打合せ会（左）とサインされた「協定書」（右）

◎ 編　者
出版ジャーナル編集部
『出版ジャーナル』は 1987 年 7 月 20 日創刊、2017 年 9 月号で通巻 500 号迎えた韓国を代表する出版情報誌。
鄭潤熙（チョン・ユニ）代表・編集長。

◎ 監修・翻訳者
舘野晳（TATENO AKIRA）
中国大連生まれ、法政大学経済学部卒業、東京都庁勤務（定年退職）、韓国関係出版物の企画・編集・執筆・翻訳に従事中。出版文化国際交流会理事、日本出版学会会員。
主な著書・翻訳書
『韓国出版発展史』（翻訳、出版メディアパル）、『韓国の出版事情ガイド』（共著、出版メディアパル）、『分断時代の法廷』（翻訳、岩波書店）、『本でつくるユートピア』（翻訳、北沢図書出版）、『韓国における日本文学翻訳の 64 年』（共訳、出版ニュース社）、『ソウルの人民軍』（共訳、社会評論社）など。

「出版の夢と冒険　―韓国の書籍文化生態系の模索と対案」
© 2018　出版ジャーナル編集部・舘野晳

2018 年 11 月 11 日　　第 1 版　第 1 刷発行

編　者：出版ジャーナル編集部
監訳者：舘野　晳
発行所：出版メディアパル　〒272-0812　市川市若宮 1-1-1
Tel & Fax：047-334-7094
e-mail：shimo@murapal.com
URL：http://www.murapal.com/

カバー・デザイン：あむ／荒瀬光治　　組版・校正協力：蝉工房
カバー・イラスト：毬月絵美　　　　　印刷・製本：平河工業社

ISBN　978-4-902251-68-5　　　　　　　　　　　　　　Printed in Japan

●本の未来を考える=出版メディアパル No.25
本づくりこれだけは〈改訂4版〉——失敗しないための編集術
下村昭夫 著　　　　　定価(本体価格 1,200 円＋税)　A5 判　104 頁

●本の未来を考える=出版メディアパル No.32
校正のレッスン〈改訂3版〉——活字との対話のために
大西寿男 著　　　　　定価(本体価格 1,600 円＋税)　A5 判　160 頁

●本の未来を考える=出版メディアパル No.29
編集デザイン入門〈改訂2版〉——編集者・デザイナーのための視覚表現法
荒瀬光治 著　　　　　定価(本体価格 2,000 円＋税)　A5 判　144 頁

●本の未来を考える=出版メディアパル No.31
出版営業ハンドブック 基礎編〈改訂2版〉
岡部一郎 著　　　　　定価(本体価格 1,300 円＋税)　A5 判　128 頁

●本の未来を考える=出版メディアパル No.30
出版営業ハンドブック 実践編〈改訂2版〉
岡部一郎 著　　　　　定価(本体価格 1,500 円＋税)　A5 判　160 頁

●本の未来を考える=出版メディアパル No.23
電子出版学入門〈改訂3版〉
湯浅俊彦 著　　　　　定価(本体価格 1,500 円＋税)　A5 判　144 頁

●本の未来を考える=出版メディアパル No.33
出版社のつくり方読本 付 一人出版社 出版メディアパルの舞台裏
岡部一郎・下村昭夫 共著　定価(本体価格 1,200 円＋税)　A5 判　132 頁

●本の未来を考える=出版メディアパル実務書
小出版社の夢と冒険——普及版 書店員の小出版社巡礼記
小島清孝 著　　　　　定価(本体価格 1,800 円＋税)　A5 判　420 頁

 出版メディアパル　担当者　下村 昭夫
〒272-0812　千葉県市川市若宮 1-1-1　　電話＆ FAX：047-334-7094